CONAIRE MÓR

Conaire Mór
Seacht nDoras na Cinniúna

DIARMUID JOHNSON

LEABHAR
BREAC

An Chéad Eagrán 2017
© Diarmuid Johnson 2017

ISBN 978-1-911363-12-5

Clóchur, dearadh agus pictiúr clúdaigh: Caomhán Ó Scolaí
Clódóireacht: Clódóirí Lurgan

Foras na Gaeilge
Tugann Foras na Gaeilge tacaíocht do Leabhar Breac

Faigheann Leabhar Breac airgead ón gComhairle Ealaíon

Leabhar Breac, Indreabhán, Co. na Gaillimhe.
www.leabharbreac.com

do mo bhean chéile
Amanda Reid
marach í ní scríobhfaí an leabhar seo

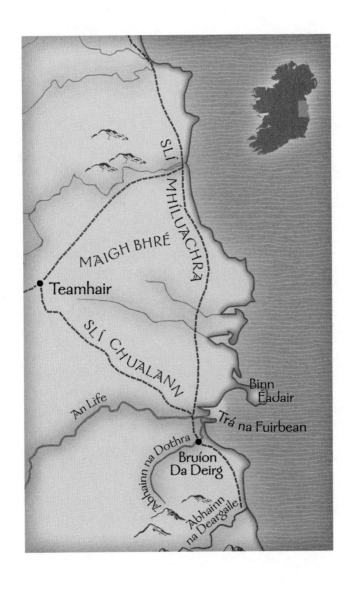

I

Rí oirearc a bhí i dTeamhair fadó darbh ainm Eochaidh Feidhleach. Agus maidin aoibhinn earraigh dár éirigh an rí sin go moch meanmnach dá leaba leathan luachra, chuir sé air a léine is a chlóca, chaith baslach fuaruisce lena éadan, agus amach leis faoi na coillte craobhacha ag fiach is ag seilg ar an bhfia is ar an torc. Thug sé leis buíon dá chuid dea-laochra féin, dhá chú seang siúlach lena thaobh, capaill mhaithe faoi na fir, dhá shleá an duine acu, agus claíomh dian chun sáite. Ní fada gur scaip an ceo is an cuisne, agus gheal an spéir go smólghorm os cionn na ngleann.

Ag marcaíocht go bríomhar dó i measc a chuid fear ó dhoire go doire, ó mhuine go muine, agus ó mhóinéar go móinéar, thug Eochaidh Feidhleach suntas is athshuntas don eala álainn aolbhán a bhí ar snámh san aer os cionn na gcrann tamall siar ó thuaidh uaidh. Bhí muince óir faoi bhráid an éin ag lonnrú faoi sholas na gréine. Thug an rí taitneamh súl don eala agus, le linn dó a bheith á féachaint go cianmhar uaidh, labhair an corn seilge go glórach ina ghaobhar. Lig an dá chú glam santach astu, ghríosaigh na fir a gcuid capall, agus thug lán na buíne díobh léim bonn araon i ndiaidh na creiche.

D'fhan Eochaidh Feidhleach ar fhód ar leith. Láimh leis an áit sin ar bhruach na habhann, chonaic an rí rud a bhain an réim reatha as a dhá bhonn, ógbhean sciamhach ag cíoradh is ag cóiriú ghruaig a cinn cois linne faoi bhun an easa in ógsholas na tréanmhaidne. Bhí brat cas corcra uirthi síos go talamh. Biorán airgid i mbinn an bhrait. Muince óir faoina bráid. Léine den síoda uaine uirthi agus ciumhais fuaite uirthi ar dhath an óir dheirg. Folt fada flúirseach uirthi. A cuid fiacla chomh geal le sneachta aonoíche, a dhá mala chomh dubh le clúmh an fhiaigh, agus dath na gcaor ar a béal mín. Bean chomh gruaghlan súilghlas léi níor facthas riamh ar dhroim an tsaoil. Nuair a chuala sí tafann na gcon agus callán na seilge, thóg sí a ceann. Bhí rí na Teamhrach ina sheasamh tamall siúil uaithi ar cholbha na coille agus é ag baint lán an dá shúil aisti.

'Cé thú féin?' ar sé, ag druidim ina leith go tomhaiste.

'Is mise Éadaoin. Ón sí a tháinig mé chugat. Is fada mé ag feitheamh ort, a Eochaidh,' ar sí.

Bhain an ghrian splanc solais as an muince a bhí faoina bráid.

'Cá bhfios duit céard is ainm domsa?' ar seisean.

'Is iomaí fear a shíl mo bhréagadh, is iomaí leannán sí, is iomaí flaith is taoiseach tuaithe a shíl cleamhnas a dhéanamh liom,' arsa Éadaoin. 'Ach chuala mé iomrá ortsa, do chlú is do cháil, agus thug mé grá éagmaise duit nuair nach raibh ionam ach páiste. Is leat mo lámh thar feara Fáil.'

'Is ait liom do scéal, a bhean ón sí chugam, ach más amhlaidh atá, is leat mo láimhse,' arsa Eochaidh, 'agus ní mian liom féin ach an ní is mian leatsa.'

'Is maith sin,' arsa Éadaoin, 'ach sula ndéantar cleamhnas ná cumann eadrainn, geall dom nach mbeidh easpa ná ocras orm, fuacht ná faitíos, faoi dhíon do thí an dá lá is an fhaid a mhairfimid i bhfochair a chéile.'

'Geallaim sin, a Éadaoin,' arsa Eochaidh, 'Agus beirim luach trí scór bó duit, cúigear ban freastail, cíor airgid le do thromfholt gruaige a chíoradh, agus unsa óir in aghaidh gach ribe den chasfholt flúirseach céanna.'

Tharla amhlaidh. Rug Éadaoin mac sula raibh bliain caite. Tugadh Conaire ar an mac. Agus ba nós an uair sin mac rí a chur ar altramas in aois a dhá bhliain. Is éard ba mhian le hEochaidh a mhac Conaire a chur ar altramas le triúr oidí ionas go mbeadh trí bhua aige. Cuireadh fios ar an Donn Déise, agus beartaíodh Conaire óg a chur ar altramas le triúr mac an Doinn Déise. Bhí go maith. Ach sular cuireadh mac an rí faoi chúram is faoi choimirce chlann mhac an Doinn Déise, thug Éadaoin an rí ar fhód faoi leith gur labhair leis go soiléir sothuigthe i dtaobh chinniúint an mhic.

'Ná déanadh Conaire fiach ar éin go deo. Ón sí a thig ceol na n-éan, agus is ón sí dom féin,' ar sí. 'Ná caitheadh sé urchar leo, ná maraíodh sé éan ar bith lena bheo. Is de shliocht na n-éan é féin,' ar sí.

D'fhan an rí ina thost.

Is ansin a cuireadh Conaire ar altramas le triúr mac an Doinn Déise, agus is uathu sin a d'fhoghlaim sé bua na héisteachta, bua an amhairc, agus bua an áirimh; bua an duine ón triúr. Agus de réir mar a bhí Conaire ag teacht in aois is in inmhe, chaitheadh sé an lá le triúr mac an Doinn Déise, seal le fiach, seal le ficheall, agus seal le foghlaim. D'ithidís ceathrar a gcuid bia in éineacht lena chéile. Léine is bríste, clóca is coisbheart orthu triúr a bhí ar aon dul agus ar aon dath lena chéile. A gcuid capall ar aon dealramh lena chéile. Sleá is sciath an duine acu a bhí ar aon déanamh lena chéile.

D'éirigh Conaire aníos ina ógánach luath láidir, stuaim ina láimh, grinneas ina shúil, agus foighid ina chroí. D'fhoghlaim sé na seacht gcleasa gaisce, chuir sé eolas ar chrainn na coille, ar gach luibh dá laghad, ar bhéarla na n-éan, agus ar rún na réalt agus na gealaí. D'fhoghlaim sé cleas an chrainn tabhaill, cleasa sleá is carbaid dá réir. Chuir sé barr ar an trí bhua, áireamh, éisteacht agus amharc, agus ní fada go raibh sárú a chuid oidí ann, agus sárú gach oide sa tír.

Agus lá dá raibh sé ag iascach ar bhradáin in uisce glé na Life, chuala sé torann na gcrúb ag teacht ina leith anoir aduaidh, marcach faoi dheifir agus capall mear sna cosa in airde faoi. Bhain an marcach tarraingt as an adhastar, agus chuir gairm ar Chonaire go sollúnta.

'Scéala agam duit, a Chonaire,' ar sé.

'Abair leat.'

'Scéala báis, mo léan. Ní mhaireann t'athair. Ó d'imigh do mháthair uaidh bliain go ham seo, is dúbhrónach a bhí. Ní fios cén áit a bhfuil Éadaoin. Facthas eala bhán os cionn na Teamhrach an lá a ndeachaigh sí ó thuairisc ar an rí. Bhris sí a chroí. Aréir is ea a lig sé an osna dheiridh.'

Tháinig triúr mac an Doinn Déise ar an láthair ó chuala siad torann na gcrúb an gleann anuas.

'Cén scéala?' ar siad.

'Ní mhaireann m'athair,' arsa Conaire.

'Is mithid duit filleadh ar Theamhair, a Chonaire,' arsa an teachtaire. 'Tá an tarbhfheis á gairm, agus déanfaidh an saoi a luí feasa anocht go bhfoilsítear dó cé hé an rí nua.'

Thug an teachtaire bun an dá sháil don chapall, agus thug aghaidh soir ó thuaidh ar Theamhair ar Shlí Chualann.

'Téimis go Teamhair,' arsa Fear Leice, an mac ba shine a bhí ag an Donn Déise.

'Is mithid sin,' arsa Fear Gar, an dara duine.

'Brostaímis orainn,' arsa Fear Rún.

'Téigíse romham,' arsa Conaire. 'Tiocfaidh mise go Teamhair anocht.'

D'imigh triúr mac an Doinn Déise leo i dtreo na Teamhrach, agus chas Conaire béal a charbaid féin soir i dtreo Átha Cliath. D'imir an lasc go héadrom ar an mbromach capaill a bhí idir an dá leathlaí aige, agus ghluais soir go réidh le bruach na habhann.

Trí thráth tar éis bhás Eachach Fheidhligh is ea a

maraíodh an tarbh i gcomhair na feise. Sleá mhór faoi bhun na cluaise agus suas trí cheartlár na hinchinne. Feannadh an beithíoch sula raibh an croí fuaraithe ann. Roinneadh an fheoil, líonadh mias leis an bhfuil, agus cuireadh tine fúithi leis an anraith a réiteach. Scaradh craiceann an tairbh ar an bhfaiche agus cuireadh cheithre bhior tríd sa talamh síos. Slata sailí, iad sáite sa bhfód glas, agus iad fuaite ina chéile os cionn an chraicinn, sin mar a tógadh bothán na tarbhfheise. Láib agus tuí ar na slata. Bhíothas faoi réir don oíche, don taibhreamh, agus don tarbhfheis.

Ba é Seanchán an fear feasa. Ba leis-sean a sháith d'fheoil an tairbh a ithe, agus a sháith den anraith a ól. Ba leis-sean síneadh ar sheiche an tairbh faoin díon sailí is tuí. Agus an té a nochtfaí dó i dtaibhreamh, an té a d'fhoilseofaí dó i mbrionglóid, sin é an té a thiocfadh i gcomharbacht i dTeamhair ar Eochaidh Feidhleach, sin é an té a bheadh ina rí ar chlanna Gael. Dá gcanfadh an fear feasa gó, dá dtabharfadh sé éitheach, dá ndéanfadh sé bréag, bhrisfeadh racht fola thar a bhéal. Níor chan, níor thug, níor dhúirt. Is í ortha na fírinne a chan Seanchán Saoi.

'Feoil amh an tairbh, is í is fearr chun léargais.'

Chuir sé mír eile feola ina bhéal.

'Fuil te an tairbh, is í is fearr chun feasa.'

D'ól sé bolgam eile den anraith. Isteach leis an saoi sa mbothán sailí. Bhí slua na Teamhrach cruinn ar an bhfaiche agus ceist na brionglóide ag baint na hanála astu.

Lean Conaire air an bealach soir le Life. Is gearr go bhfaca sé iontas, éin mhóra ilbhreaca ar foluain san aer tamall uaidh. Bhrostaigh sé an capall agus phreab an carbad go luaimneach faoi. D'éalaigh na héin leo soir. Thug an t-óganach gríosadh don each. Soir leis na héin fós. Brostú agus gríosadh arís, ach cér chrua an siúl, bhí na héin chun cinn air. Shroich sé an cladach ó dheas de bhun Life. Is ann a ghléas sé a chrann tabhaill. Bhí na héin mhóra ilbhreaca breis agus fad urchair uaidh os cionn an tríú tonn. Chaith sé cloch leo. Thit an chloch i bhfarraige. An dara cloch. Urchar in aisce. Amhlaidh don tríú cloch. D'éist Conaire leis an lámhach.

'Is dona duit fiach a dhéanamh orainne,' arsa éan díobh.

'Cé thú féin?' arsa Conaire.

'Mise Neamhluan,' arsa an t-éan. 'Is neach de do mhuintir féin atá ionam, agus níl éan inár measc nach de do mhuintir féin é. Agus is d'éanlaith an tsí sinn, amhail do mháthair, agus is teir duitse fiach a dhéanamh orainne go brách.'

'Teir? Sin rud nárbh eol dom go dtí anois,' arsa Conaire.

'Triall leat go Teamhair anocht,' arsa Neamhluan. 'Is é is cirte duit. Tá tarbhfheis á caitheamh ann, agus is tusa an rí a ghairmfear dá barr. Fear lomnocht ag siúl na slí go Teamhair i dtús na hoíche agus cloch i gcrann tabhaill aige, sin é a nochtfar i dtaibhreamh don fhear feasa, agus is tusa an té sin. Siúil leat anois, a Chonaire.'

Ní túisce an briathar sin ráite ag Neamhluan ach d'éirigh ceo de dhroim na mara agus chuaigh na héin ó léargas ar an ábhar rí.

Dún na Teamhrach míle slí ó thuaidh. An lá ag éag. Lóchrainn ar lasadh i ndoras an dúin. Trácht na gcos ar an bhfaiche i ndiaidh na tarbhfheise. Sheas Conaire i bhfianaise an dúin gur cheangail a chapall de chrann fuinseoige i leataobh na slí. Bhain de a léine is a chlóca, a chrios is a choisbheart. Shiúil roimhe gan snáth gan folach i dtreo na Teamhrach, coinneal fir sa meathdhorchadas. Ceithre bhóthar a bhí ann go Teamhair. Triúr d'uaisle na tíre ag feitheamh is ag faire ar gach aon bhóthar díobh.

'Is gó a labhair Seanchán,' arsa duine díobh i gcogar leis féin, 'ní ógánach gan féasóg a bheas ina rí orainn i ndiaidh Eachach. Gó!'

Ach ligeadh an chéad éamh. Bhí Conaire chucu ina chraiceann agus a chrann tabhaill i leathláimh aige.

'Chugainn an rí!' arsa Mac Céacht, ceithearnach agus laoch.

'Cuirimis éide an rí air,' arsa Fear Flatha, teachtaire agus feisire.

'Fíor na bhfear, fíor na hortha,' arsa Seanchán, ollamh agus saoi.

Chuathas ina choinne go dílis dúthrachtach, agus gléasadh é mar ba cheart agus mar ba chóir.

'Go maire tú do ríocht, a Chonaire mhic Eachach!'

'Is méanar dom,' arsa Conaire.

Bhí seacht lóchrann déag ar lasadh mórthimpeall na Teamhrach, agus Conaire ina sheasamh ar leic na gairme os cionn na faiche. An ghealach ag scaipeadh a cuid airgid ag bun na spéire ar a chúl. Bhain an reachtaire teaghlaigh blosc as an dord fada umha a leath ina mhacalla ar fud na dúiche máguaird. Chuaigh monabhar na nglór i léig ar an bhfaiche. Tost. Ceann feadhna agus laoch crua calma ab ea Fear Roghain, ach bhí claonadh chun ciotaíle is chun coimhlinte ann.

'Ní ábhar rí atá san ógánach! Níl ann ach glasbhuachaill!' ar seisean in ard a chinn is a ghutha.

D'fhéach an slua ar fhear na hanachan agus iad ar bís le hiontas is le himní.

'Ní locht í an óige,' arsa Conaire, 'má bhíonn an rí ar aon aigne agus ar aon chroí leis an tír.'

'Slán an briathar!' arsa an slua.

D'éist Fear Roghain a bhéal go fóill.

'Mo thairbhe comhairle lucht dlí,' arsa Conaire, 'mo threoir briathar ollún is saoi.'

'Go maire an rí!' arsa an slua.

D'ardaigh Seanchán leathláimh agus bhí ina chiúnas arís.

'A Chonaire,' ar sé i bhfianaise an tslua, 'Is ceart athar is seanathar duit do ghairm i do rí i dTeamhair ar chríocha ár sean is ár sinsear. Agus foilsím feasta duit gach geis de na geasa a bhaineann le do riail is le do reacht.'

Labhair Seanchán, agus nuair a labhair is éard a dúirt: 'Geis duit fiach ar éin. Geis duit fiach i ndúiche Uí Chearnaigh. Geis duit turas deiseal timpeall na Teamhrach. Geis duit turas tuathal timpeall Mhaigh Bhré. Geis duit imeacht ó Theamhair gach naoú hoíche. Geis duit codladh in áras a bhfuil feiceáil isteach ar an tine ann tar éis luí na gréine. Geis duit triúr dearg a ligean isteach romhat tigh an Deirg. Geis duit díbheirg is creachadh sa ríocht. Geis duit a bheith i d'aonar i dteach le bean nó le fear tar éis luí na gréine. Geis duit aighneas a réiteach idir beirt de shliocht na ndaor.'

D'éist Seanchán.

'Faomhaimse sin,' arsa Conaire.

Shín Seanchán mias óir chuige.

'Ól an deoch fhlaithiúnais, agus gura slán a bheir,' ar sé.

Rug Conaire greim dhá láimh ar an mias agus d'ól sé a sháith den deoch mhilis mheisciúil.

'Fad saoil don rí,' arsa maithe na Teamhrach d'aonghuth is de gháir mholta.

II

Saol faoi shéan is faoi shíocháin a bhí i ndúichí na tíre tar éis do Chonaire a theacht i réim. Seanchán na céille lena thaobh de shíor. Fear Flatha na dílse ag freastal is ag friotháil air. An tréanfhear Mac Céacht aige lena chosaint is a chumhdach. Conaire Rí! Mhéadaigh a chuid umhlaíochta de réir mar a mhéadaigh a chuid aibíochta. Mhéadaigh a chuid feasa de réir mar a mhéadaigh a chuid fiosrachta. Mhéadaigh a chuid gaoise de réir mar a mhéadaigh a chuid géarchúise. Agus mhéadaigh cion na ndaoine air dá réir.

Ar theacht don fhómhar, bhíodh gach gort is gach glasmhóinéar sa ríocht faoi bhrat úll is cnónna, gach dias crom go talamh, gach tor is sceach faoi airní is spíonáin, gach iothlainn líonta go barra bachaill le heorna is le coirce. Monabhar na mbeach go mín i mbun na meala. Níor lia gaineamh na trá ná na bradáin in abhainn na Bóinne. Loingeas faoi ualach ag triall go féiltiúil ar Inis Fáil. Ní thriomaíodh an drúcht go meán lae ar an bhféar fada fásach. Tintreach ná toirneach níor scairt os cionn na tíre. Ó mheán earraigh go meán fómhair, ní bhíodh oiread gaoithe ann is a bhainfeadh luascadh as eireaball na bó. Gach uile ní ar aon chuisle lena chéile mar a bheadh téada binne na cláirsí. Focal de chuid na nGael lena linn: 'Rath Chonaire ort, sláinte agus saol!'

Bhí go maith agus go han-mhaith, ach ba leamh leis na laochra leisce an leasa, agus na fir mhóra a chleachtadh sleá is sciath, táin is treascairt, cath is comhrac, ba bheag leo an saol mín maighdeanda ó Shamhain go Bealtaine agus ó Bhealtaine go Samhain. Buachailleacht bó ar an sliabh agus macnas na ngamhan san earrach, ba leor sin don aoire agus dá chlann iníon. Gaibhneacht is gréasaíocht, cliatha-dóireacht is criadóireacht, ba leor sin do lucht ceirde is d'aos ealaíne. Ach clann mhac na dtréan, agus sliocht na ndea-laoch, chuir an díomhaointeas agus an dea-rún cantal ar a gcroí le himeacht ama. Chaithidís an geimhreadh cois teallaigh le scéalaíocht agus le seanchas. Chaithidís an samhradh ag siúl na coille buíon ar bhuíon ag cleachtadh a gcuid cleasa lúith, ag déanamh camán, agus ag iomáint go crua ar na bánta. Ach an líon nach ndeachaigh le léann agus le dlí, le saoirseacht ná le suirí, diaidh ar

ndiaidh, duine ar dhuine, is orthusan is túisce a
tháinig an fonn díbheirge agus an fíbín creiche.

Bíodh sin mar atá, an chéad bhliain do Chonaire ina
rí, oiread agus briathar amháin briosc ná borb níor
lig éinne thar a bhéal sa tír. An dara bliain ní raibh
mífhoighid ná meirse ar aon bheirt lena chéile. An
tríú bliain gan mhasla gan mhúisiam. An ceathrú
bliain gan olc gan achrann. Ach an cúigiú bliain is ea
a tugadh dúshlán an rí don chéad uair.

Beirt Oiriallach a raibh an claonadh chun
clampair iontu. Ghoid siad bó ó fhear dá dtuath féin,
feiceáil cén bhreith a thabharfadh Conaire ar an
gcoir nó cén cúiteamh a thabharfadh sé don fhear
sin. 'Iarr comhairle ar thriúr mac an Doinn Déise,'
arsa Conaire nuair a cuireadh an cheist faoina
bhráid. An bhliain dar gcionn, ghoid an bheirt
Oiriallach bó agus lao. 'Iarr comhairle ar Sheanchán,'
arsa Conaire. An tríú bliain, ní goid a rinne na
hOiriallaigh ach creachadh. Caoineadh an chreach.
Cáineadh an rí.

Lá de laetha an tsaoil tar éis breacadh don tríú gealach ó mheán geimhridh, bhí buíon de mhacra na Teamhrach ina suí sa gceárta. Duine díobh ag oibriú na mbolg. Duine ag déanamh cois scine dó féin. Fear Roghain ina measc. Is eisean is túisce a labhair.

'Tá imbolc caite le mí, tá fad féasóg file ar an lá, agus níor cluineadh fós ceiliúr an smólaigh ar an sceach. Níl an sú ag éirí i mbun na gcrann.'

Rinne Fear Roghain tamall machnaimh.

'Ní file mise. File ná bard. Ní chleachtaim rosc ná rannaíocht. Ní saoi atá ionam ná scéalaí. Ní iníon bó-aire mé ag crú na mbó agus ag iompar leamhnachta ón mbuaile isteach. Fear sleá mé. Fear lainne. Fear aclaí urrúnta. Chaithfinn an Bhóinn de léim. D'éalóinn ar fhia na coille gan aon ghéag crainn a lúbadh. Ní i mo sheanduine dóite a chaithfead an ráithe seo go Bealtaine. Cé agaibh a thiocfas ar díbheirg in éineacht liom? Cé agaibh a chaithfeas an craiceann faolchon? Cé agaibh a thórós an torc tréan trom i ndiamhair na coille móire liom? Cé agaibh a dheargós sioc na maidine le fuil na muc allta liom?'

'Bí i do thost,' arsa Maín Scothach. 'Ní cead faoladh ná creachadh. Is túisce foighid ná faoiseamh. Is mairg a dhéanfadh beart gan chéill.'

Bhí tost ann go fóill.

'Is fíor a deir Fear Roghain,' arsa Aodh Dubh.

'Ag treabhadh agus ag rómhar, earrach is fómhar, sin mar a chaithfeas muide an saol nuair a bheas féasóg gan bhearradh orainn agus ceangal an chúil orainn. Cén mhaith dúinn tíobhas agus arán tur, cén mhaith béal tua a mhaolú ar ábhar tine nuair atá an fulachta fia ar an sliabh agus faoladh le déanamh mar a rinne ár sinsear romhainn!'

'Measaim é,' arsa Caolán Rua. 'Tá téamh na gcnámh sa gcorn meá, agus is iomaí maighdean mhánla thaobh thall den sliabh a mbainfinnse taoscadh as a dhá cíoch shneachta!'

Leath monabhar na nglór ar fud na ceártan le deimhniú agus le dearbhú ar bhriathra na beirte.

'Fillfidh an feall,' arsa Aodh Dubh.

'Tiocfadsa leat,' arsa Caolán.

'Agus mise.'

'Agus mise.'

Bhí an beart á thuar.

'Bígí anseo roimh an lá!' arsa Fear Roghain.

Scaip an macra leo agus rún na heachtra á mbrostú.

Dhá uair an chloig roimh éirí gréine arna mhárach, bhí scór de phlúr na ngaiscíoch óg faoi réir agus faoi rún ar chúl na ceártan. Snaidhm ar iall acu, crios ar fhallaing, scian faoi thruaill, tiachóg an duine acu agus í líonta le bairín eornan, sciath bheag chruinn ar stua a ndroma, sleá bhiorach i leathláimh, tuar na heachtra ag lonnrú i mbeo na súl. Bhí ceannbheart na ndíbheirgeach orthu ar fad: an craiceann faolchon, an folach mic tíre. Luaith smeartha ag cuid acu ar a gceannaghaidh agus ar a n-éadan. Síthchogar na gaoithe os cionn an chlocháin, agus lán an dúin sna támhnéalta suain. D'éalaigh an macra leo mar a d'éalódh siolla den cheo. In ascaill an ghleanna, sheas damh beannach agus a shrón le gaoth. Bhí an ghealach ina húll seaca in íochtar spéire.

Ní gan faobhar ar a ghlór a labhair Fear Flatha ina sheasamh dó i bhfardoras na ceártan le maidneachan lae.

'Cén imeacht seo?'

'Imeacht na heascainne faoi chaochpholl,' arsa an gabha.

Bhuail sé buille dá chasúr caolthrom ar lom na lainne. Ní raibh an tine ach ag fadú.

'Drochscéala,' ar sé.

Rinne an scéal cogar cois tobair. Luaidreán cois

teallaigh. Is beag bothán i bhfoisceacht fead iolair de dhún na Teamhrach nach raibh mac mic ar iarraidh ann.

'Scéal chuig Conaire láithreach!' arsa Fear Flatha.

Tháinig Seanchán an fhaiche anuas gan an drúcht a bhaint den fhéar le teann deifre.

'Móradh, a shaoi,' arsa an gabha.

'Do chomhairle?' arsa Fear Flatha.

'Fanaimis le camhaoire na hoíche,' arsa Seanchán. 'Scéala chuig Conaire mura mbí gach mac díobh faoi chleith is faoi chlúid a thí ar bhreacadh do réalta na cruinne anocht.'

Ní túisce sin ráite ag Seanchán ach b'shiúd triúr mac an Doinn Déise geata na Teamhrach amach de mhearshodar ar muin marc. Chuaigh trup trap na gcrúb i léig ar Shlí Chualann de réir a chéile. Sa rítheach álainn uasal ar bharr na faiche, bhí Conaire agus Mac Céacht ag imirt fichille lena chéile mar ba nós leo. Cláirseoir ag cláirseoireacht dóibh. Corn meá an duine in aice le clár na himeartha acu.

III

'Lorg toirc!' arsa an Dualtach Mór, é ina shuí ar a ghogaide ag grinnfhéachaint fód talún dó. 'Lorg nach úr,' ar sé, agus d'éirigh ina sheasamh.

'Líon na dtorc dar leat, a Dhualtaigh?' arsa Fear Roghain.

'Ní mór a líon,' arsa an glaslaoch.

'Do chomhairle, fiach nó foighid?'

'Obair lae an fiach. Lá eile chun fulachta. Feoil ní íosfar ach an tríú lá.'

'Cá ceard a ndeachaigh an tréad torc?'

'Siar ó thuaidh faoin doire agus faoin aill.'

'Fada an troscadh trí lá.' arsa Caolán.

'Níl go dtí an Bhréifne ach aistear trí thráth,' arsa Aodh.

'Creachadh seanchailleacha, obair gan dua,' arsa duine eile.

'Fiach an toirc, nó creachadh na Bréifne?' arsa Fear Roghain.

'An Bhréifne,' arsa an Dualtach.

'An Bhréifne,' arsa an macra d'aonghlór agus d'aon fhonn.

Bhain an bhéic sin macalla follasghlan as na clocha glasa.

Fear Roghain agus an Dualtach Mór, Caolán Dubh agus Aodh Rua; scór de mhacra na Teamhrach sa muine agus sa mionchoill fad urchar sleá ó chlochán beag tithe i nDeisceart Bhréifne. Rud dá raibh le feiceáil acu: cuid de bhantracht an chlocháin agus iad ag déanamh turas an uisce. Rud eile: beirt fhear ag biorú cleitheanna. Rud eile fós: minseach gabhair á bleán.

Fear Roghain a lig an chéad éamh. D'éirigh an bhuíon óglaoch d'aon léim amháin go luath agus go lánéadrom. Thug seachtar díobh ruathar céimdhíreach i dtreo na hiothlainne is na buaile ag santú na saille feola agus na meá meisciúla. Ochtar ag gleo is ag glambhúireach an bealach anuas idir an t-úllord agus an tobar le mearbhall céille a chur ar lucht faire an chlocháin. Cúigear ag faire is ag feitheamh agus iad ullamh chun fogha agus chun furtachta pé taobh ba ghéire comhrac dá seasfaí an fód in aghaidh an ionsaithe agus dá roinnfí béim ar bhéim leo. Níor seasadh. Níor roinneadh. Bonn araon gan chréacht gan chneá is ea a d'éalaigh na díbheirgigh leo. Fágadh mná na Bréifne ag gol i ndiaidh na gadaíochta. Na fir ag meilt na mallachtaí. Duine díobh ina chnap ar an bhfód, a bhéal ar fiar agus an fhuil ag téachtadh ar a chléibh. Dúnorgain.

Maol Crón ab ainm don mhuicí. É i bhfeighil na muc ar thulach aerach tamall siúil i gcéin. Murar chuala sé éamh aonair Fhir Roghain, chuala sé gleo agus glambhúireach na buíne nuair a rinne siad ionsaí is ionradh ar mhuintir an chlocháin sin i gcaol an ghleanna thíos. Shín sé a cheithre chnámh ar an talamh faoi. Níor chlos ach seo: buíon ag fógairt agus buíon ag bagairt. Glafairt na bhfear. Uallfairt na ngadhar. Na mná ag déanamh uafáis. Níor léir ach seo, ruathar ón leamhchoill anoir aneas. Fiche faolchú. Scliúchas idir an t-úllord agus an tobar. Fear amháin ar lár. Bréifneach de réir cosúlachta. An námhaid ag teitheadh.

Ní gan buaireamh aigne a rinne Maol Crón a mhachnamh ansin. Siar ó thuaidh a bhí na díbheirgigh ag triall is ag taisteal. Más mór an míghníomh a bhí déanta acu sa dúiche, is measa an míghníomh a bhí á thuar. 'Buíon i mbarr sainte, is deacair a cosc,' ar seisean leis féin. 'Ídeoidh siad an díbheirg seo siar faoin tír.' D'fhág Maol Crón a thréad mallmhuc ina dhiaidh

ag tochailt na talún, agus thug sé bealach an aicearra
air féin i dtreo an ghleanna thiar chomh tréan in Éirinn
is a bhí rith agus réim i bhféitheacha a dhá chois ó sháil
go colpa, ó cholpa go hioscaid, ó ioscaid go corróg.

Ba lom gach machaire tar éis na dúluachra. Níor
chneasta gaoth. Bhí tine mhór lasta ag macra na
díbheirge cois srutháin láimh le Loch Síleann i nDroim
Lomáin in Oirthear Bhréifne. Iad ag ithe á sáith is a
leordhóthain den chreach. Brothall na tine agus blas
na saille ag sú na tuirse as na géaga. Iad tostach go leor.
    Labhair Aodh. 'Méith gach muc sa mBréifne,' ar sé.
    'Míolach gach cailleach,' arsa an Dualtach.
    'Mantach gach mada,' arsa Fear Roghain.
    Chaith duine craobh bhriosc aitinn ar an tine.
    'Cuirfidh mé léim an dá bhruach ort,' arsa duine.
    'Baothléim ar ais ort!' arsa fear eile.
    'Seo é an chéad áit a bhfaca athair Chonaire an
bhean sí,' arsa Cú Coille.
    'Cá bhfios duit?' arsa an macra.
    'An charraig sin. Sin í carraig Éadaoine.'
    'B'fhéidir é.'
    Chaith Caolán seile sa tine.
    'Cá bhfuil ár dtriall feasta?'

'Siar le bruach an locha. Aistear dhá thráth go Ráth na mBreac. Ach is túisce scíth ná siúl.'

Bhí tamall ciúnais ann agus gan le clos ach monabhar toll an tsrutháin, agus prup-prap na tine aitinn. Is gearr eile gur rug Fear Roghain ar a cheannbheart faolchon.

'Éirígí, a dhrong leisceoirí! Agus tugaimis linn cuid de luaithreach na tine sin.'

Carbad a tharla sa tslí roimh Mhaol Crón tamall siar. Dhá bhromach capaill faoin gcarbad agus iad á n-oiliúint ag an aire.

'Móradh, a aire! Maith do dhá bhromach,' arsa Maol Crón.

'Móradh, a fhir níos deifir,' arsa an fear carbaid, 'cé thú féin?'

'Maol Crón is ainm dom. Is muicí atá ionam. Cé mar a sloinntear duitse, a aire?'

'Mise Maol Scothach de chlanna Bhréifne. Ach cén deifir seo ort, a mhuicí?'

'Díbheirg sa dúiche.'

'Díbheirg?'

'Sa ngleann thoir tar éis ghlaoch an choiligh.'

Chuimil Maol Scothach mín a ghlaice dá ghiall.

'Cá líon do na díbheirgigh seo?' ar sé.

'A líon ní mó ná fiche dar liom.'

'A ndúchas?'

'Measaim gur ar mheathas na Mí a hoileadh na coileáin con seo.'

'Cá bhfuil a dtriall dar leat, a Mhaoil Chróin?'

'Siar, dar liom. Bígí rompu, a Mhaoil Scothaigh. Scéal leat chun do mhuintire!'

'Aníos leat féin sa gcarbad liom, a mhuicí, agus téimis chun siúil.'

Suas le Maol Crón ar an gcarbad faoi mar a ordaíodh dó. Chuir an t-aire lúb sa lasc, chreath sé an srian, agus d'éirigh ocht gcrúb an dá bhromach de chlár na slí. Siar leo gan stad gan chónaí gur shroich siad béal an rátha mhóir ar bhruacha thuaidh Locha Síleann. Doras leathan i mbéal an rátha. Beirt cheithearnach ag cosaint an dorais. Fear diongbhála deichniúir gach aon duine den bheirt. Chaith Maol Scothach léim go talamh, an dara léim go doras, an tríú léim go tairseach an tí ba mhó i gceartlár an rátha. Maol Crón sna sála air go humhal. Isteach leo beirt. Bhí seachtar comhairleoirí istigh rompu i mbun dlí agus dea-chainte.

'Móradh, a Mhaoil Scothaigh,' arsa an duine ba neasa don tine.

'Is mór do dheifir is do dhithneas. Cén scéala?'

'Díbheirigh sa dúiche, a thaoisigh. Is é an muicí seo a chonaic iad ar maidin.'

Focal níor dhúirt éinne ach na malaí fite orthu le teann imní.

Labhair Maol Crón.

'Ar maidin le héirí an cheo is ea a chonaic mé an bhuíon. I gcaol an ghleanna anseo thoir. Mise i mbun na muc ar thulach ar leith. Ba chlos an creachadh agus an caoineadh. Anoir atá a dtriall anois. Fiche fear a líon dar liom.'

'Más olc an scéal, fearaim fáilte roimh fhear a inste,' arsa an fear ba neasa don tine. 'Déan suí go fóill, a mhuicí. Is mise Amhlaoibh mac uí Bhroin.'

Shuigh Maol Crón ar an tuí.

Bhí macra na díbheirge ag gluaiseacht leo anoir thar eanach agus thar achadh, trí choillte críonna coill is cuilinn, agus thar móinéir bhoga bhraonacha. An ceannbheart faolchon orthu. A mboilg líonta le saill agus le súlach i ndiaidh na gadaíochta. Iad santach chun gaisce agus chun gnímh. Rud nárbh eol dóibh: bhí corpán fir os cionn cláir i gcaol an ghleanna, dath glasbhán ar a bhéal, triúr ban á chaoineadh, agus an ceannaire teaghlaigh ar tí taisteal go Teamhair le héiric a éileamh. Ach siar leis an macra go béalteann biorshúileach. Chonaic siad na muca ar fáin sa gcoill. Chonaic siad ealta mionéan ag éirí san aer de roiseadh eití. Chonaic siad an ceo ar an sliabh. Rud nach bhfaca siad: fear faire i ngabhal crainn i bhfearann Ráth na mBreac.

Gairm na gceithearnach! Gléasadh na gcarbad! Giollaíocht capall! Má bhí éacht le déanamh, bhí éirleach is ár le seachaint. Le seachaint! Macra díbheirge? B'fhurasta bás is buanéag a imirt orthu. Ach dá n-ólfadh an talamh fuil na bhfear óg, dá múchfaí an chuisle agus an croí iontu, cén sliocht a bheadh ar an ngníomh ach cogadh dearg idir an Bhréifne agus an Mhí, carnadh na gcorp, col agus caismirt go ceann seacht nglúin ón Éirne go dtí an Bhóinn! Gach mac máthar díobh a ghabháil beo beathaíoch, gan lann a dheargadh orthu, gan olc ná éigean a imirt orthu, ach iad a cheansú agus iad a cheangal, iad a chuibhriú agus iad a choinneáil, agus lán na buíne díobh a thabhairt os comhair Chonaire Mhóir i dTeamhair na Rí le breith a thabhairt ar an gcoir agus ar an gcalaois. Ach cén gliceas aigne ab fhearr leis an mbeart úd a dhéanamh? Cén cleas a thapódh clis na díbheirge?

'An líon gabhála éisc!' arsa Amhlaoibh. 'Fágtar an geata gan gharda. Meallfar na mic tíre isteach. Na líonta a ligean tharastu go líofa lántapa. Sin í an cheap a mholaimse,' arsa taoiseach Bhréifne.

Tháinig scéal ón lucht faire. Ní fada go mbeadh na díbheirgigh i Ráth na mBreac. Labhair Amhlaoibh leis na haraí carbad agus leis na ceithearnaigh:

'Dhá charbad leis an tslí éalaithe a dhúnadh soir. Dhá charbad leis an tslí éalaithe a dhúnadh siar. Bíodh na líonta faoi réir.'

Chuir Fear Roghain beirt den mhacra ag lorg eolais. Mar a bheadh scáth mionscamaill ar mhullach sléibhe, d'éalaigh an bheirt sin leo. Ní raibh an fhaiche ar bhéal Ráth na mBreac ach trí léim fia ón log talún a raibh na hógánaigh sínte fúthu ann. Luaithreach smeartha acu ar a n-aghaidh is ar a n-éadan. Brat binnleathan bréidín scartha thar gach gualainn agus gach géag. An ceannbheart faolchon ar a mblaosc agus ar a mbaithis anuas. Anáil na n-ógánach sin chomh héadrom le cleite ar loch. Dá mbioródh giorria a dhá chluais, is túisce a chloisfeadh sé anáil dreancaide ná í. Tháinig an bheirt fhear eolais ar ais. Chuir Fear Roghain cluais air féin. Labhair duine den bheirt i gcogar:

'Ionradh! Ach ní faoin doras. Thar claí isteach.'
'Aduaidh?'
'Aduaidh.'

Fogha ná foláireamh níor chuimhin leis an Dualtach, ach tollbhuille a threascartha ar chúl a chinn. Lúb an dá leathchois faoi, lioc an dá leathghlúin faoi, líon an dá shúil air le coinnle agus le ceo, agus rinneadh cual cnámh de ar an bhfód i gceartlár na faiche. Thar bhruach an rátha aduaidh an ruaig a thug an macra amhail tonn ag briseadh ar an trá lá anfa. Ach brí na béime sin agus cúr na toinne sin ba ghearr a réim ar láthair an chatha sin. Glaslaochra óga na Mí, tuirse dhá oíche orthu, leisce an gheimhridh iontu, níor leor dóibh mórchúis is misneach nuair a tháinig borblaochra Bhréifne timpeall orthu le láimh láidir agus le neart na ngéag. Rinneadh oíche den lá ar an Dualtach.

Earc agus Cathal, Conall agus Fiach, ceathrar de na coisithe ba mhire siúl idir Teamhair agus an Eamhain lena linn, bhuail sceoin is sceimhle iad nuair a chonaic siad ceithearnaigh agus clanna Bhréifne rompu faoi éide agus faoi arm. Thug siad an dara ruaig siar amach as Ráth na mBreac, go rúitín, go glúin, go hascaill sa linn mhúnlaigh ionas gur dhóichí a mbáthadh ná a bhfuascailt.

Bhí Fear Roghain sa gcnó catha san áit ba chrua an comhrac agus na hógánaigh ba dhílse dó lena dhá thaobh. Ach sular tharraing siad an chéad scian, ná an dara hanáil, ná an tríú buille, caitheadh eangach ar eangach anuas orthu, scaradh líon ar líon anall orthu, fáisceadh snáth ar snáth agus mogall ar mhogall mórthimpeall orthu ionas nach raibh fáil ar shleá ná faill ar urchar acu ach an lúth agus lámhach bainte astu gan tlás. Lig Fear Roghain osna mhór. Ba throm an chúis. Bhí an ceathrar coisithe ag teitheadh lena n-anam siar le bruach Loch Síleann chomh luath le gaoth lomfhuar an earraigh.

Tháinig Amhlaoibh mac uí Bhroin Bhréifne amach as teach na comhairle agus sheas sé i bhfianaise na mbraighdeanach: 'Is deas an t-ál eascann a fheicim anseo i líonta Ráth na mBreac,' ar sé.

'Tugtar go Teamhair iad le bánú an lae amárach.'

Ceathrar den mhacra in uaimh thalún. Earc, Cathal, Conall, Fiach. Ceathrar gan tine gan treoir. Ceathrar teifeach.

'Trua sin, a Eirc, tá fuil ar do bheál,' arsa Fiach.

'Trí bhraon fola ar sceach i mo dhéidh,' ar sé.

'Trua sin, a Chathail, gan dóchas gan díon.'

'Áras dúinn féin an uaimh seo ón síon.'

'Stopaigí de bhéarla na mbard caca,' arsa Earc leo.

D'éist an ceathrar le caoineachán na gaoithe i mbéal na huaimhe.

'Measaim nach bhfuil duine dínn nár gabhadh.'

'Cé is moite don cheathrar againne.'

'Ní fios nár éalaigh dornán eile.'

'Is baol nár éalaigh.'

Bhí méara crua na gaoithe ar snámh san aer os a gcionn sa meathdhorchadas.

'Níl i ndán dúinn ach an díbirt.'

'Díbirt nó dícheannadh.'

'An chroch nó an choigríoch.'

'Fiach agus seilg, mairfimid seal!' arsa Conall. 'Beifear linn. Bhíos-sa ar altramas i bhFear Manach. Agus tusa i gcríocha Chuailgne, a Chathail. Tiocfaidh ár gcuid comhaltaí linn. Níl teach ná teallach acu féin ach oiread linne.'

'Teach ná teallach.'

'Treabhar ná talamh.'

'Fód ná fearann.'

'Níl sin.'

'Maireann m'athair agus m'athair mórsa.'

'Maireann agus m'athairse.'

'Ceannaire, ceithearnach ná ceardaí níor maraíodh le seacht mbliana.'

'Níor maraíodh.'

'Ó tháinig Conaire i réim.'

'Ó tháinig Conaire i réim.'

Droim le chéile ar urlár na huaimhe, sleá chun sáite, sciath ar bhacán a láimhe, brat binnleathan bréidín fillte fáiscthe fúthu agus tharastu, sin mar a chaith an ceathrar sin uaigneas mór na hoíche, trian le feitheamh, trian le faire, trian le fuacht is le fanntais go fáinne an lae.

Bhí macra na díbheirge cuibhrithe ceangailte i dteach na comhairle i dTeamhair na Rí. Iad cloíte cúbtha. Iad náirithe nasctha. Conaire ina sheasamh i lár an tí agus Seanchán lena thaobh deas ina dhealbh gan gháire. Lucht cosanta an dúin in aice láimhe. Agus fear dlí de mhuintir Bhréifne ag cúiseamh na n-ógánach go feargach fiuchta.

'Is iad ba chúis báis do dhuine de shaorshliocht na nGael, duine de mo mhuintir féin. Is é an bás atá tuillte acu. Is é an bás an éiric a éilímse ort, a Chonaire Rí. Is dual don óige fiach agus seilg. Is dual don óige bruíon agus báire. Ach faoladh, creachadh agus marú!

Sin scéal eile. Agus tá an macra míghníomhach
meisciúil seo in aois a mbearrtha. Táid in aois na
céille agus na ceartchúise. Táid in aois agus in inmhe
na bhfear. Ní anacal ná aisce a mholaim, ach éiric de
réir an dlí. An bás!'

Shuigh an Bréifneach breithiún síos.

Ní gan buaireamh aigne agus crá croí a labhair
Conaire tar éis tamaill bhig.

'Fios na córa, fios na héagóra, dhá ní a lorg mise
le mo linn. I measc na sean, i measc na ndraoithe
agus a gcuid rosc, i measc mo shinsear féin ón sí. Seal
a chaitheas i meán an doire is deirge díon ag sú feasa
as meas crainn, ag ól na gaoise as tobar na Bóinne áit
a bhfuil an t-iomas forasna agus an fíor, seal ag
déanamh mo chuid foghlama i measc na bhfiach
agus na n-iolar. Is mithid bláth an chraobh. Is mithid
síocháin i dtír. Is mithid meas ar an dlí. Is mithid
bás. Is mithid saol. Faoladh in Éirinn ní cead. Marú
ní mhaifear. Ach ní thig liomsa bás na mac seo a
cheadú. Ní thig. Ní de mo chumhacht a leithéid sin
a dhéanamh.'

Chrom an rí óg a cheann, rinne a mhachnamh,
d'fhéach go stuama uair ar chlé agus uair ar dheis,
agus labhair de ghuth séimh sothuigthe go céillí agus
go cóir. 'Mo chomhairle is mo bhreith, a fheara?
Cuireadh gach athair a mhac féin chun báis. Múchadh

gach fear anam a mhic féin. Ligeadh gach athair fuil a shleachta féin. Déanadh gach fear an beart nach ndéanfadsa. Sin nó díbrítear na fir óga seo as Éirinn. Daoraim iad chun báis nó chun deoraíochta. Loingeas orthu agus imeacht thar lear. Sula mbí an ghealach lán arís, ná bíodh duine den mhacra seo beo in Éirinn.'

Amach le Conaire. Bhí tost ar an slua istigh.

IV

Díbríodh na díbheirgigh óga as Éirinn de réir na breithe a bhí tugtha ag Conaire. Ach má díbríodh, leath nós na díbheirge ina dhiaidh sin ionas nár shlán an tír. Triúr mac an Doinn Déise, triúr dá ndeachaigh le díbheirg. Muintir uí Bhriain Chuailgne de shliocht na Laighean chomh maith. Agus an seachtar Maine i gcríocha Chonnacht maraon lena gcuid comhaltaí. Focal a cluintí an t-am sin: 'Trian na hÉireann le díbheirg'. Dhéanadh Conaire a ndíbirt, fear ar fhear, buíon ar bhuíon, baicle ar bhaicle, ach bhí rún ag a bhformhór filleadh ar an dúchas nuair a bheadh cóir na gaoithe leo arís agus titim na himeartha. Bhí an rún díoltais i gcroí na gcéadta.

Agus i rith na bliana tar éis dhíbirt na ndíbheirgeach óg, bhí beirt de mhuintir Uí Chairbre Thuamhan in aighneas lena chéile agus gan réiteach i ndán eatarthu gan chomhairle ón rí. Geis dá chuid an chomhairle sin a chur ar bheirt nár de shliocht na n-uasal iad. Bíodh sin amhlaidh, chuaigh Conaire go Tuamhain le hathmhuintearas a dhéanamh idir an bheirt.

Chaith sé dhá oíche ar theallach an chéad fhir agus dhá oíche ar theallach an dara fir. Geis dó an ní sin chomh maith.

Tar éis dó an t-athmhuintearas a dhéanamh idir an bheirt Chairbreach, thug Conaire aghaidh ar Uisneach Mí, agus aneas leis i bhfochair a chuid fear agus a chuid freastalaithe gur thug sé sciuird is camchuairt faoin ríocht. Ach ní aoibhneas ná áthas a chuir an sciuird sin ar a chroí, mar soir siar faoin ríocht an lá sin ó Thuamhain go hUisneach, bhí an tír á loscadh go mór ag fir lomnochta, buíon ar bhuíon, slua ar shlua.

'Cén fáth an tír á loscadh ag na lomnochtáin seo?' arsa Conaire.

'Is léir,' arsa fear den rítheaghlach, 'nach bhfuil meas ar an dlí ná aird ar bhriathar an rí sa tír seo feasta.'

Lig Conaire osna.

'Tá an bóthar dúnta romhainn,' ar sé. 'Cén tslí ab fhearr?'

'Soir ó thuaidh,' arsa an t-ara carbaid.

Ag dul soir ó thuaidh dóibh, chuaigh Conaire deiseal na Teamhrach agus tuaifeal Mhaigh Bhré. Ar deireadh thiar thall shroich siad Slí Mhíluachra, ach bhí an lá ag dul in ársaíocht agus fuineadh néal nóna á thuar.

'Is mithid dídean na hoíche a lorg,' arsa Conaire.

'Dar brí mo lámh, a Chonaire,' arsa Mac Céacht, ríghaiscíoch na Teamhrach, 'ba mhinice dídean agat in Éirinn ná mearbhall agus míthreoir ort san oíche.'

'Ba ea tráth,' arsa Conaire, 'agus tá dún agus áras ag cara dil de mo chuid sa dúiche ina bhfuilimid, agus tá eolas na slí agam chun an dúin sin, agus is ann is ceart a dhul.'

'Céard is ainm don fhear sin agus don áit sin? arsa Mac Céacht.

'Da Deirg an fear. Tugtar an Dearg Mór air freisin. Duine de shliocht na Laighean. Bruíon Da Deirg an áit. An Dún Dearg ainm eile air. Is iomaí uair a chuir mé comaoin is coimirce ar fhear an tí. D'iarr sé céad bó orm uair. Níor séanadh air iad. D'iarr agus céad brat cúngchas cluthar. Níor séanadh air iad. D'iarr agus céad muc mhéith, deichniúr giollaí, seacht ndealg óir, agus dabhach lán meá. Níor séanadh air iad. Dá n-iarrfadh sé a dhá oiread ní shéanfaí air iad. Ní móide gur doicheall a bheas romham sa Dún Dearg anocht.

'Is eol dom féin an teach sin,' arsa Mac Céacht, 'agus téann an tslí agus abhainn na Dothra trí cheartlár an tí. Tá seacht ndoras ar an dún, ach gan ann ach comhla amháin. Seacht leaba idir gach dhá dhoras. De réir mar a bhíonn gaoth i gceard ar leith is ea a shocraítear an chomhla i ndoras faoi leith. Rachadsa romhat, a Chonaire, le tine a lasadh ann ionas go mbeidh sócúl is samhas agat ann anocht.'

D'imigh Mac Céacht leis d'abhóga móra naoi n-iomaire.

De réir mar a bhí Conaire ag mínghluaiseacht soir faoi bhreacsholas dheireadh lae, tháinig triúr marcach thairis aniar gur scoith siad an rí agus an rítheaghlach de chruashodar callánach. Bhí trí léine dhearga orthu, trí bhrat dearga, trí sciath dhearga, trí shleá dhearga ina gcuid lámh, trí chapall dearga fúthu, agus a dtrí fholt dearga ar sileadh sa ngaoth. Dearg gach ní dar bhain leo. Na fiacla féin ba dhearg.

'Cé hiad na marcaigh sin a chuaigh tharainn?' arsa Conaire. 'Nach de mo gheasasa,' ar sé, 'triúr dearg a ligean isteach romham san áit a bhfuil mo thriall? Cé agaibh a rachas sa tóir orthu ionas go leanfaidh siad mé aniar?'

'Rachadsa sa tóir orthu,' arsa Fear Flatha.

D'imir Fear Flatha an lasc ar an each, ach más bog nó crua a d'imir, is obair in aisce a bhí ann. Ní raibh breith ar an triúr marcach dearg. D'fhan Fear Flatha leis an rí.

'Téigh sa tóir orthu arís,' arsa Conaire. 'Abair seo leo: má fhanann siad liomsa, tabharfad maoin is saibhreas dóibh, ór is airgead, muca méithe, an mheá mheisciúil is deirge lí, agus cead suí cois tine i ndún is i mbruíon Da Deirg.'

D'imir Fear Flatha an lasc ar an each arís, ach dá gcuirfeadh sé a chraiceann féin de agus an craiceann a bhaint den chapall, go brách ní éalódh sé ar an triúr dearg. Ní raibh breith ná scoitheadh orthu in ainneoin an tsaoil. Fós féin, níor léir deifir orthu. An uair ba lag dó féin agus ba thréith don each, thiontaigh duine den triúr dearg chuige gur dhúirt an rann seo:

An t-éan, a mhic, mór an scéal,
Scéal ón sí, féile rí,
Na heich seo fúinn is spíonta
Cé beo dúinn féin, ní beo ach marbh.

Arsa an dara fear den triúr dearg:

An t-éan, a mhic, mór an scéal,
Déanfar sléacht, ciorrú saoil,
Trí mharc sí fúinne anocht
Is olc an tuar, fuil don fhiach.

Ní túisce sin ráite, ach d'imigh an triúr marcach dearg leo de dheargruathar soir feadh na slí. Tháinig an rí i leith aniar go céimiúil.

'D'imigh an triúr dearg sin ort,' ar sé leis an ngiolla.

'Ní gan dua mór a lig mé uaim iad, a Rí,' ar sé.

'Choilleas-sa mo chuid geas de m'ainneoin féin anocht,' arsa Conaire.

D'inis an giolla don rí cén dá rann a dúirt na marcaigh dearga. Ba leasc leis an rí briathra na fáistine sin a chlos. Ní fada gur shroich an triúr dearg an dún. Chuir siad snaidhm is nasc ar a dtrí chapall, agus isteach leo gur shuigh san áit ba dhual dóibh istigh.

Is ansin a tháinig Conaire Rí na Teamhrach go hÁth Cliath maraon lena lucht freastail agus an rítheaghlach a bhí ina chuideachta. Tharla fathach fir roimhe sa tslí, dath cróndubh ar a shnua is ar a chneas. Bhí sé ar leathshúil agus ar leathláimh agus é ag preabadh ar leathchois. Mullach garbh gruaige air. Ní raibh samhail don mhullach sin ach tairní ina gcolgsheasamh aniar ar fud a chinn. Mála úll a fholmhú anuas air, agus ní thitfeadh oiread is úll díobh go talamh ach greamú úll ar úll ar an bhfolt biorach sin. Muc dhubh dhóite caite thar leathghuaille aige agus an mhuc sin ag sianaíl gan stad. An fear ab airde de mharcra an rí agus é ina shuí ar an each ba mhó den eachra, ní thiocfadh sé ach go brollach ar an bhfathach sin. Bhí bean mhór lena thaobh agus is mór an díol uafáis a bhí inti. Gan samhail di ach crann gabhlánach géagach ag longadáil lá gaoithe móire in áit gan foscadh. Aghaidh urghránna éagruthach uirthi agus an béal íochtair ar leathadh go cíoch agus go himleacán uirthi.

Sheas an bheirt seo os comhair an rí agus chuir siad fáilte roimhe. 'Is maith do theacht, a Chonaire. Is fada sinn ag feitheamh leat.'

'Cé sibh féin?' arsa Conaire.

'Fear Coille mise. Tá muc agam duit ionas nach mbeidh easpa ná ocras ort anocht. Nach tusa an rí is áille a bhí ar domhan ariamh!'

'Céard is ainm don mhnaoi?' arsa Conaire.

'Ciochail is ainm di,' arsa Fear Coille.

'Caithfeadsa fleá is féasta libh oíche ar bith d'oícheanta an tsaoil,' arsa Conaire, 'ach ní anocht, faraor.'

'Beidh muide in aon tíos leat anocht, a Chonaire dhil,' arsa Fear Coille. 'Is mise a bheas i mbun na fleá.'

Ní túisce sin ráite aige ach thug sé aghaidh ar an Dún Dearg, a bhean bhéalmhór lena sháil, agus an mhuc dhóite ag sianaíl is ag geonaíl ar a dhroim. Shín siad beirt a gcosa fada agus shloig an ceo iad.

V

Ní raibh duine de na díbheirgigh óga dar dhíbir Conaire thar sáile nár thug comhalta nó cleithiúnaí, col ceathrair nó col cúigear ina theannta leis ar loingeas. Agus an mhaidin ar thug siad cúl le tír is aghaidh le muir, ní fiche deoraí ach leithchéad díthreabhach a d'fhliuch a gcuid maidí rámha sna feachta farraige ag bun na Bóinne bitháille. Agus ní raibh sa tríú gealach ó mheán geimhridh ach loinnir corráin faoi chochall mór na spéire nuair a bhain Fear Roghain, Caolán, Aodh agus an Dualtach maraon le lán naoi gcurach de chlann mhac na Mí an chéad ghíoscán as na crugaí, an chéad phreab as bun na mbád bolgleathana, agus an chéad scinneadh as na naoi gcíle sleamhna, soir thar dhroim na bóchna.

Chuir siad na naoi gcurach naoi dtonn ón gcladach leis an gcéad tharraingt a bhain siad as na maidí mínchothroma, agus ní fada go raibh siad seacht léig i bhfarraige agus gan in oileán iathghlas na hÉireann ach airde na hordóige agus í ag éalú siar in ucht na díleann. Ní fada eile a bhí siad ag iomramh agus ag eachtraíocht nuair a d'éirigh séimhleoithne ghaoithe ar éadan na mara, agus níor leo gan bolg a ligean ar a gcuid seolta siúlacha agus seacht léig déag a chur díobh sula raibh trí thráth caite ó liathadh an lae.

'Cén t-oileán breac sin a fheicim soir uaim?' arsa Fear Roghain i gcionn tamaill.

'Ní oileán sin, dar liom, ach tír mhór na Breataine,' arsa an Dualtach.

'Dar liom nach ea,' arsa an tríú duine, ach an t-oileán atá faoi Mhanannán mac Lir.'

'Más é Oileán Mhanannáin atá ansin,' arsa Fear Roghain, 'téimis i dtír ann, féachaint ar féidir linn daingean nó dúnáras a chur faoi riar ann, mar ní mhairfimid seachtain gan fíoruisce ar an tonn ghoirt ghormghlas seo fúinn.'

Ní túisce sin ráite ag Fear Roghain ach dhírigh an macra na naoi gcurach ghleoite ar an oileán mór sin gur tháinig siad i dtír ann go slán somheanmnach ar thrá mhór bhallach uaigneach le tuile taoille.

Bliain mhór a chaith na deoraithe ar Oileán Mhanannáin gan filleadh ar Éirinn ach ag iascach san áit ba ghlaine eas, ag fiach san áit ab fhlúirsí fia, agus ag cóiriú a gcuid curach go mín mionchúiseach.

Níor leo ab annamh ruaig trí lá go hÁrainn is go hAlbain, agus go dtí na cuanta is na calafoirt ba neasa dóibh i gcríocha cóngaracha na Breataine ó Chathair na Lia aduaidh go Learpholl na nGaoth. Níl lá creiche dá ndearna siad go gustalach glórach feadh an mhuirbhigh sin nár chaith siad lá le fleá is lá le fallsacht dá éis, agus níl dún ná daingean feadh na gcladaí sin nár chuir a gclú is a gcáil alltacht is critheagla ar bhantracht na tíre agus ar a gcuid fear ann.

Agus de réir mar a bhí réim Chonaire ag dul ó rath in Éirinn, rinneadh ainriail den dea-riail air, agus anord den seanord, agus díbheirg den tsíocháin. Díbheirgigh na hÉireann ba mhór a líon, agus nuair is díbirt is deoraíocht an daoradh ba ghnách a dhéanamh orthu, ní raibh áit ab ansa leo ná Oileán Mhanannáin le cruinniú is comhthionól lena chéile, ionas nach leithchéad curach ná céad curach ach trí chéad curach chaolchruinn chomhluath a bhí dubh dlúth ar aon bhall amháin an uair sin i ndeisceart an oileáin san áit darbh ainm Port na hÉireann.

Agus lá dá raibh macra na hÉireann ag smearadh smior na rón is saill na mbroc ar chraiceann críonchrua a gcuid curach dílis, chonaic an té ba ghrinne súil díobh coill ar bharr an uisce agus í ag druidim aneas le hOileán Mhanannáin gan choinne gan chuireadh.

'Coill an fharraige aneas!' arsa an fear faire.

'Iontach gach annamh,' arsa fear eile.

'Ní coill do choill ach cabhlach curach faoi chrainnte seoil,' arsa an tríú fear ar bharr aille.

'Scéal chuig Fear Roghain!'

Is ansin a tháinig Fear Roghain i láthair agus na malaí fite air agus geal na n-alt le feiceáil trína dhorn leis an ngreim chráite a bhí aige ar a shleá is ar a sciath. Agus ní gan dánaíocht ná gan dásacht a stríoc an cabhlach allúrach a gcuid seolta anaithnide in ascaill an oileáin gur thriomaigh siad barr na maidí rámha de bhun na scamall féin. Agus ní curacha trí sheas ná cúig sheas a bhí i gcuracha móra na n-allúrach ach curacha ocht seas, beirt ar gach aon seas díobh, ceann foirne chun tosaigh agus ceann feadhna chun deiridh iontu. Tháinig curach díobh i leith ionas nach raibh idir í agus gaineamh buí na trá ach trí thonn.

'Mór an churach sin!' arsa Fear Roghain.

'Mór an fear atá inti!' arsa an Dualtach.

Chaith an triúr sin léim go glúin san uisce, an dara léim go ciumhais na mara, agus tríú léim go barr an chladaigh. Sheas Fear Roghain an fód.

'Is mise Ingéal Caoch mac rí Breatan,' arsa taoiseach na n-allúrach, fear diongbhála céad, é seacht dtroithe ar airde, 'agus ní le naimhdeas ná le

heaschairdeas a tháinig mé anseo inniu, ach le dea-
rún is le deisbhéalaíocht!'

Focal níor lig Fear Roghain thar a bhéal ach a chroí
líonta le mórán iontais faoin mullach mór garbh
gránna fir a bhí ina sheasamh roimhe gan náire,
leathshúil leis faoi phúicín, féasóg air nach raibh
samhail di ach crann draighin, claíomh claisleathan
caithréimeach lena thaobh, agus cuma ainmhín
ainnis air ó bhonn na gcos go baithis a chinn.

'Is maith liom do scéala,' arsa Fear Roghain go
mín, 'agus is sinne macra na hÉireann, agus tá
forlámhas againn ar an oileán aoibhinn crannach seo,
agus smacht dá réir ar na críocha seo, agus is dúinn a
ghéilltear ar muir is ar tír i bhfoisceacht céad léig den
fhód seo, ach in Éirinn mar a bhfuil Conaire Mór
ina rí i dTeamhair na Mí. Agus insigí fáth bhur
n-aistir agus ciall bhur n-eachtra dúinn, a Ingéil, a
mhic rí Breatan!'

'I gcríocha na hIutlainne i ndeisceart Lochlann a
bhí críocha mo shinsearsa,' arsa Ingéal Caoch. 'Agus
bhí ollpheist amplúch ag creimeadh is ag creachadh na
críche sin orthu ionas nárbh fhearr comhairle dóibh ná
teitheadh lena n-anam chun na Breataine Móire idir
fhir is mhná. Agus ní fada a bhí sliocht na hIutlainne i
gcríocha na Breataine gur bhain siad ceannas an oileáin
de na seacht dtreibh ba shine ann. Ach de bharr mo

chuidse antláis is mo chuid ardghaisce, mo chuid áibhéile is mo chuid oilbhéasa, mo chuid drochrún is mo chuid dobhearta, níl ionam féin le bliain aimsire ach deoraí is díbheirgeach bhur ndála féin.

'Is ait liom do scéal,' arsa Fear Roghain, 'ach ní thuigim fós cén éirim atá le baint as urlabhra do bhéil, mar tá canúint na hiasachta ort, a mhic rí Breatan.'

'Míle trí chéad fear is líon dúinne,' arsa Ingéal go briotach, 'agus is dúinne a ghéilltear i bhfoisceacht céad léig farraige d'Inis Lir in iarthar Breatan. Agus is dóigh liom gur líonmhaire sibhse, a mhacra na hÉireann, agus ní fearr comhairle dúinne ná conradh is comha a dhéanamh lena chéile ionas nach mbeidh bád faoi sheol ná curach faoi bhréid ó Albain go Críocha na bhFear Morc nach sinne araon a bhainfeas ceart is creach de.

'Is fearr liomsa sin,' arsa Fear Roghain, 'ná an cuaille comhraic a bhualadh leatsa, a Ingéil Chaoich, agus molaim do bhriathar.'

'Sin é fíor na bhfear,' arsa Ingéal Caoch.

'Tagaigí i dtír,' arsa Fear Roghain go séimh súáilceach, 'go gcaithe muid rogha gach bídh is togha gach dí i gcuideachta a chéile go fóill.'

$\cdots\bullet\,\langle\!\bullet\!\rangle\,\bullet\cdots$

Nuair a bhí díbheirgigh na hÉireann agus díbheirgigh na Breataine súch sách tar éis a leordhóthain feola a chaitheamh agus an corn meá a thaoscadh trí huaire, agus craobh dá gcuid seanchais a inseacht, labhair Ingéal go meisciúil mímhánla ina chanúint féin.

'A mhacra na hÉireann agus a fheara na Breataine, cé acu den dá dhúchas a rachaimid ann i dtosach ag reic ár gcuid díbheirge, ag faoladh agus ag creachadh?'

'Rachaimis chun na Breataine!' arsa macra na hÉireann.

'Rachaimis chun na hÉireann!' arsa fir na Breataine.

'Cuirimis ar crannchur é!' arsa Fear Roghain.

Rinneadh amhlaidh, agus is ar thaobh na Breataine a thit an crann agus an chinniúint.

'Creachfar an Bhreatain linn, más ea,' arsa Ingéal Caoch, 'agus ionsaímis dún mo mhuintire ann, agus má mharaítear m'athair agus mo mháthair féin libhse ann, is maith an éacht sin i ndíol ar an gcosc a cuireadh ormsa i mo thír agus i mo dhúiche féin.'

Agus le maidneachan lae arna mháireach, sheol an dá bhuíon ar aon toinn agus ar aon táirim lena chéile soir go críocha na Breataine gur bhánaigh siad ann gach nár bhán agus gur dhearg siad ann gach nár dhearg. Agus níl beart is boirbe ná éacht is ísle a rinne said an uair sin san Iar-Bhreatain ná éalú ar mhuintir Ingéil Chaoich i síordhuibhe na hoíche leis an anáil agus an anam a bhaint astu le faobhar is le foréigean. Briathar níor chan Ingéal féin tar éis dheargadh na lainne, ach a bhéal chomh teann le hiall ar phocaide. Cian coicíse dóibh ar muir is ar tír roimh fhilleadh dóibh dá éis sin faoi lucht ilbhreac seod is solamar bia go hOileán Mhanannáin. Nuair ba shlán gach créacht agus nuair ab inniúil aclaí arís gach mac den mhacra tar éis a gcuid díchill is a gcuid díbheirge, labhair Fear Roghain go giorraisc gonta agus is éard a dúirt:

'Fada sinne ar loingeas. Fada ó thaithigh muid an dúchas. Siar anois is mithid dúinn triall. Is é a mholaim. Imreoimid díoltas ar Chonaire Rí as ucht ár ndíbeartha thar sáile.'

'Molaim an briathar sin,' arsa Ingéal Caoch. 'Is mór an creachadh a rinne sibhse sa mBreatain le cead uaimse, agus bhain sibh an t-anam as mo mhuintir féin le forneart is le faobhar, agus éilímse díol na creiche sin oraibhse feasta.'

Chuir an slua sin díol seachtaine d'fhíoruisce an oileáin i mboilg muc allta i dtóin a gcuid curach, sin agus meas na coille, idir chnónna is úlla sobhlasta, gur thug siad ruaig siar i dtreo na hÉireann a chuir an cúr go tóin na farraige agus an gaineamh buí go barr na toinne, agus lig siad bolg ar a gcuid seolta áille ilbhreaca.

An lá dar gcionn tar éis aistear seacht dtráth, ní ealta gan áireamh d'éanlaith na mara faoi chlúmhach dubh a bhí cruinn ó dheas de Bhinn Éadair i gcuan Átha Cliath ach Ingéal Caoch Mac Rí Breatan, Fear Roghain na Mí, agus muirshlua mór na ndíbheirgeach. Sin é an t-am a raibh Conaire ag triall go buartha ar an Dún Dearg thar an áth cliath ag bun abhainn na Life.

Binn Éadair ó thuaidh díobh. Brí Chualann láimh leo. Áth Cliath dhá léig ar shiúl uathu. Agus tonnta támha na mallmhara ag slaparnach is ag plaparnach faoi ghuaillí na gcurach.

'Stríocaimis na seolta,' arsa Ingéal Caoch, 'agus teannaimis taobh le taobh ionas nach mbeidh amharc orainn ón talamh tirim ach mar a bheadh néal de néalta na hoíche.'

'Cuirtear triúr i dtír ag lorg eolais,' arsa Fear Roghain. 'Is mór an easonóir a bheadh ann gan creach na Breataine agus orgain a mhuintire a chúiteamh le hIngéal Caoch.'

'Ceist!' arsa Ingéal, 'cé againn is fearr a bhfuil bua na héisteachta aige?'

'Dar liom gur agam féin,' arsa Maine Milscothach, duine de na Connachtaigh.

'Cé againn is grinne a bhfuil amharc na súl aige?'

'Dar liom gur agam féin,' arsa Anghlonn, duine de chlanna Chonmhaicne.

'Cé againn is fearr chun áirimh?'

'Dar liom gur mise,' arsa fear crónbhuí ó chríocha na nDéise.

'Téigígíse triúr i dtír ag lorg eolais faoin dúiche agus ag déanamh feasa dúinne sula dtugaimid fogha faoin tír.'

'Déantar amhlaidh,' arsa cách.

Chuaigh an triúr sin i dtír ar an duirling ó dheas d'abhainn na Deargaile. Triúr leo chun iomartha. Suas leo go lúfar ar an mullach úd darb ainm Brí Chualann, agus is ann a rinne siad suí is stuaim ionas gur chlos agus gur léir agus gurbh inmheasta dóibh gach ní dá laghad dá raibh faoi choim na dúspéire.

'Is clos!' arsa Maine Milscothach.

'Céard is clos?' arsa Anghlonn.

'Fuaim eachra faoi rí, sin é is clos dom.'

'Is léir!' arsa Anghlonn.

'Céard is léir?'

'Eachra uasal airgiúil oirearc álainn, sin é is léir dom. Loinnir na gaisce orthu. Déada geala cailce iontu. Sciath airgid le taobh gach eich díobh. Iad gléasta ar aon dath lena chéile. Ní eile fós is léir dom. Céad go leith capall sna sála orthu. Dath odhar orthu. Iad crúbach lúbach, iad mongach buacach, iad líofa láidir. Srianta síodúla orthu. Sin é is léir dom.'

'Dar dia mo thuaithe,' arsa an Déiseach crónbhuí, 'is eachra rí atá ansin gan aon agó, trí chaogaid each d'eachra Chonaire agus an rítheaghlach go dílis ina dhiaidh!'

Thug an triúr sin a sainléim an mullach anuas gur sciob siad leo a dtrí bharc den duirling ag bun na Deargaile. D'fhliuch an triúr comhbhádóirí a gcuid maidí rámha go santach i mbroinn an tsáile, agus is gearr go raibh lán an scéil ag Ingéal Caoch agus ag Fear Roghain. Chroch an muirshlua a gcuid seolta ar chranna caolarda na sé chaogaid curach a bhí acu. Cúig mhíle fear sna sé chaogaid curach sin idir Éireannaigh is Bhreatnaigh, idir Ghaeil is allúraigh. Tháinig siad i dtír de thollbhuille bodhar ar Thrá na Fuirbean láimh le bun na Dothra tamaillín beag ó thuaidh.

Nuair a tháinig na díbheirgigh i dtír, is ag fadú na tine sa Dún Dearg a bhí Mac Céacht. Leis an teannadh a chuir sé sna boilg ag fadú na tine dó, agus le torann na tine sin á fadú de phléasc, ardaíodh na curacha de dhroim na trá gur teilgeadh soir amach ar chlár na farraige arís iad.

'Cén phléasc sin dar leat, a Fhir Roghain?' arsa Ingéal.

'Ní fheadar,' arsa Fear Roghain, 'murab é Mac Céacht é ag fadú tine do rí na Teamhrach san áit a bhfuil dídean na hoíche faoi réir dó. Níl splanc dá n-éiríonn ón tine sin nach róstfadh trí lao agus dhá leathmhuic.'

'Gura fada ón bhfód seo Conaire anocht,' arsa triúr mac an Doinn Déise, triúr oidí Chonaire lena linn, triúr de shlua na ndíbheirgeach, triúr eile a bhí ar deoraíocht.

'Nára fada go deimhin!' arsa Ingéal Caoch. 'Is maith an chreach cloigeann rí na Teamhrach. Is é is dlite domsa!'

Chuir na díbheirgigh a gcuid curach i dtír arís ionas gur baineadh creathadh go barr cleithe agus go bun claise as an Dún Dearg. Níl ga ná sleá dá raibh ar crochadh ar bhallaí an dúin nár léim dá chrúca ar an urlár anuas.

'Céard fothrom sin, dar leat, a Chonaire?' arsa

duine dá rítheaghlach agus iad ag ceangal na gcapall ar fhaiche an dúin.

'Ní fheadar,' arsa Conaire, 'murab iad triúr mac an Doinn Déise iad ag cur a gcuid barc i dtír le teann mire é. Is trua más iad. Is iad ab ansa liom ar domhan, tráth. Is mairg a rá gur mór is eagal liom anocht iad.'

Nuair a chuala Mac Céacht torannchleas na ndíbheirgeach ag teacht i dtír dóibh amhlaidh, thug sé ruathar timpeall an Dúin Dheirg trí huaire ar lorg an namhad agus a chlaíomh tromghéar nochta aige chun áir. Deoraí ní fhaca sé ach an rí agus an rítheaghlach doras an dúin isteach.

Is ansin a tháinig an slua i dtír. Triúr mac an Doinn Déise ina measc. Macra na Mí. Díbheirgigh na Breataine. Allúraigh buí. Fir Morc. Muintir Chonmhaicne. Déisigh, Oiriallaigh. Cruithnigh, Bréifnigh, Cairbrigh. Sliocht Oirghael, Iarghael, Deasghael, Tuathghael, agus daoscar gan áireamh. Maidir le hIngéal Caoch, bhí an leathshúil i gclár a éadain chomh leathan le craiceann bulláin. Beo na súile sin chomh dubh le daol. A dhá ghlúin chomh mór le dhá choire. A dhá dhorn chomh mór le dhá chliabhán móna. Dhá phlaic a thóna chomh mór le dhá chuigeann cáise. Nuair a bhí na díbheirgigh ar fad tagtha i dtír, ní raibh áit ar Thrá na Fuirbean le sleá a shá sa ngaineamh ann. Chuir siad a gcuid curach taobh thuas den snáth mara. Bhí brádán báistí i mbéal na gaoithe agus gan dé ná drithle sa spéir ach abhainn na Dothra ag lagchogarnaíl i gcóngar an chuain.

VI

Chuaigh Conaire Rí thar thairseach an Dúin Dheirg isteach, agus ní cúng caolghiarsach an dún a bhí ann, ach dún fairsing foscúil. Shuigh an rí in áit an rí agus shuigh cách de réir mar ba gheis nó ba neamhgheis dóibh. An triúr Dearg, Fear Coille agus an mhuc, Ciochail a bhean lena thaobh, Mac Céacht i mbun na tine, agus teaghlach an rí in áit ar leith. Tháinig Da Deirg i láthair, fear an tí agus an taoiseach dúin. Bhí céad go leith óglach ina theannta. Maide trom chun treascartha i láimh gach óglaigh díobh agus fáinní iarainn timpeall orthu.

'Do chéad fáilte, a Chonaire dhil,' arsa Da Deirg. 'Dá mbeadh leath na hÉireann in éineacht leat, ní eiteofaí dídean ná fleá orthu sa dún seo.'

Facthas neach i ndoras de sheacht ndoras an dúin: bean feasa agus í ag iarraidh ceada isteach. Dhá chois fhada fúithi mar a bheadh cosa corr éisc. A cuid craicinn chomh dubh le tóin túláin sa luaith. Brat ribeach uirthi. Meigeall míolach uirthi. A béal ar fiar. Chuir sí gualainn leis an doras agus chaith sí súil nimhe ar an rí agus ar na macaoimh a bhí ina thimpeall istigh. Labhair Conaire léi agus rian na fonóide ar a ghlór.

'Abair linn, a bhean feasa, cén fios is fios duit anocht?'

'Fios dom seo,' ar sí, 'ní bheidh fágtha díotsa ar maidin ach lán crúibe don charóg.'

'Is cam do bhéal, a bhean gan dídean,' arsa Conaire, agus gan ina chroí ach uamhan is imeagla na mná.

'Lig isteach mé,' arsa an bhean.

'Geis domsa,' arsa Conaire, 'bean aonair a ligean isteach tar éis luí na gréine.'

'Má thriomaigh fáilte na háite seo, triomóidh fleá, triomóidh fuil, triomóidh flaithiúnas.'

'Is nimhneach an teanga atá ionat,' arsa Conaire. 'Isteach leat agus bí i do thost!'

Ligeadh an bhean feasa isteach ainneoin na geise. Shuigh sí ar aghaidh na tine ó thuaidh. Í ag meigeallach agus ag mugailt chainte léi féin.

Is mór an tine a fadaítí do Chonaire san oíche. Ní bhíodh splanc ná spréach ann nach mbíodh chomh mór le bun crainn. Agus is amhlaidh a bhí carbaid an rítheaglaigh ar scor i ndoirse an dúin, seacht gcarbad déag i ngach doras, seacht ndoras ar an dún, ionas go raibh roth carbaid os comhair gach dorais de na doirse sin agus lasracha fuinniúla na tine móire ar chúl gach rotha díobh. Ina seasamh dóibh ar an trá tamall soir, ba dhóigh leis na díbheirgigh gur sheacht súil bheo a bhí i rotha na gcarbad sin agus iad ar lasadh le solas mire.

'Cé na súile móra mire iad sin thuas, a Fhir Roghain?' arsa Ingéal Caoch.

'Ní fheadar,' arsa Fear Roghain, 'murar solas é ó thine rí.'

'B'fhearr liom nach rí a bheadh ann,' arsa duine de thriúr mac an Doinn Déise.

'Ba thrua mhór bás rí anocht,' arsa an dara duine díobh.

Ní dhearna Ingéal Caoch ach gáire tur tirim gan taise. 'Ba thrua a mhalairt,' ar sé. 'Bás rí na hÉireann ba mhaith an éiric anocht. Mór an sléacht a rinne sibhse le cead uaimse ar mo mhuintir féin sa mBreatain.'

'Ní bréag sin!' arsa duine de dhíbheirgigh na Breataine.

Rinne Ingéal a mhachnamh ar an gcath agus ar an gcrua-chomhrac a bhí á thuar idir slua na ndíbheirgeach agus slua rí na hÉireann.

'Téigí go bun na habhann seo le carn cloch a thógáil, a ghaiscíocha,' arsa Ingéal. 'Cuirigí cloch an duine ar an gcarn sin. Tar éis an chatha, fear ar bith dá maireann, tugadh sé leis cloch de na clocha sin sula gcuirfimid ar gcuid curach ar snámh arís chun éalaithe.'

Tógadh an carn. Carn na Leac is ainm dó ó shin ar Thrá na Fuirbean ag Bun Dothra. Ghluais an slua sin i leith an Dúin Dheirg go Leaca Cinn Sléibhe ionas nárbh fhaide uathu é ná sár-urchar agus barr-urchar sliotair.

'Cén t-ainm ar an dún fairsing foscúil seo?' arsa Ingéal.

'Sin é an Dún Dearg,' arsa duine de na hÉireannaigh.

'Cé againn a rachas go barr na tulaí seo le cruinnfhéachaint an dúin a dhéanamh?' arsa Fear Roghain.

'Téadh Maine Milscothach ann,' arsa an Dualtach. 'Is eisean is grinne súil.'

'Ná téadh,' arsa Ingéal Caoch, 'ná téadh ann ach mé féin amháin. An uair a bhainimse an trí chaipín de mo shúil, d'fheicfinn dreancaid ar chluais con trí léig uaim sa dorchadas.'

D'imigh Ingéal leis d'abhóga móra seacht n-iomaire le cruinnfhéachaint an dúin a dhéanamh agus le háireamh a dhéanamh ar líon na dtréanfhear is na ngaiscíoch is na n-óglach armtha a bhí istigh ann. Maidir le triúr mac an Doinn Déise, las siadsan tine ag Bun Dothra le foláireamh a thabhairt do Chonaire.

Ina shuí ar bharr na tulaí dó, bhain Ingéal Caoch an trí chaipín den tsúil ollmhór urghránna i gclár a éadain. D'fhéach sé an dún is an daingean de rinn an roisc sin idir rotha na gcarbad, idir giarsaí na ndoirse, idir cleith is ursa, idir tine is forma. Agus nuair a d'fhéach, d'fhuaraigh an teach, agus dhírigh Mac Céacht aniar, agus d'éist an bhean feasa dá cuid mugailte ó thuaidh den tine. Is maith a thuig an t-allúrach go raibh fuacht is faltanas na súile ag dul go smior i gcnámha na beirte sin agus i lán an tí, agus nuair a thuig is tobann a tharraing sé an trí chaipín anuas ar an gcnapán súile sin i gceartlár a bhlaoisc ainmheasartha. D'éalaigh sé den tulach mar a d'éalódh snáth den cheo, agus ar ais leis síos go Leaca Cinn Sléibhe áit ar bhailigh ceannairí feadhna na ndíbheirgeach timpeall air go gcloisfidís tuairisc na cruinnfhéachana.

'Cén scéala?' arsa Fear Roghain.

'Is maith agus is sármhaith an dún a chonac,' arsa Ingéal. 'Bíodh rí na hÉireann ann nó ná bíodh, tá díol mo chreichese ann, agus éiric mhaith ar chreach na Breataine agus ar mo mhuintir.'

'Is fearr linn gan ionsaí a dhéanamh gan eolas ar an líon tí,' arsa Fear Rún mac Doinn Déise. 'Abair linn céard a chonaic tú ann.'

'Chonaic mé seo,' arsa Ingéal Caoch, 'laoch calma cróga. Casfholt cuachbhuí gruaige air, ceannaghaidh chaothúil chóir, agus claíomh seacht ndorn ar fhaid lena thaobh dheas. Bhí triúr giollaí flannrua ag freastal air, triúr giollaí daoldhubha ag friotháil air, triúr giollaí fionnscothacha ag faire air. Dea-laoch chomh dathúil leis ní fhacas riamh faoi ard na spéire. Do bharúil, a Fhir Roghain, cé hé féin?'

'Inseoidh mé duit é,' arsa Fear Roghain. 'Sin é Cormac Conn Loingeas, agus is é an laoch is áille in Éirinn é, agus níor fhág arm ná faobhar créacht ná cneá ar bhall dá ghealcholainn cailce riamh, mar is grinne a shúil ná súil seabhaic, agus is luaithe a láimh ná lasair thintrí, agus titfidh céad fear leis i mbéal an dúin, agus níl béim dá chlaíomh nach mbaineadh an cloigeann de sheachtar dínne, agus níl iarbhéim nach mbainfidh an cloigeann de sheachtar eile. Agus an triúr rua a dúirt tú, sin iad an triúr Dúngasa, agus an triúr dubh a dúirt tú sin iad an tríur Daolgasa, agus an triúr fionn a dúirt tú sin iad an triú Dángasa, agus níl arm dá gcuid nach dtitfidh deichniúr leis, agus níl gníomh dá ndéanfaidh siad nach ndéanfaidh Cormac Conn Loingeas gníomh dá réir. Agus titeadh an naonúr sin nó ná titeadh, ní chloífear Cormac anocht.'

'Is mairg an faoladh seo, mura mbeadh sa Dún Dearg anocht ach iad,' arsa Fear Gar mac an Doinn Déise lena bheirt deartháireacha i gcogar, 'agus dá mbeadh breith ar m'aiféala agam ní anseo a bheinnse anocht.'

Ach chuala Ingéal an cogar claon cáiréiseach sin agus is borb a labhair sé dá dheasca. 'Is meata mílaochúil an briathar a chanais, a Éireannaigh,' ar sé, 'agus titfidh an dún seo linne anocht i ndíol ar éiric na Breataine de réir an chomhair a rinneadh eadrainn. Agus is meath oinigh is onóra daoibhse a mhalairt a dhéanamh, agus tá triúr Éireannach ina ngialla againne, Fear Geal, Fear Géar agus Fear Gabhair, agus má chliseann sibhse orainne, bainfear ball sa ló agus ball san oíche den triúr sin nó go dtuga na néala báis faoiseamh dóibh ón mbeophianadh sin.'

'Slán an scéalaí!' arsa fear madrúil mantach de chuid na Breataine.

'Céard a eile a chonaic tú, a Ingéil?' arsa Fear Roghain.

'Chonac naonúr idir dhá dhoras ann,' arsa Ingéal Caoch. Moing bhuí ghruaige orthu. Iad ar fad ar aon áilleacht lena chéile. Brait bhreaca orthu, naoi ndos ceoil agus catha os a gcionn. Mura mbeadh tine ar bith sa dún, ba leor solas na naoi ndos ceoil sin leis an dorchadas a dhíbirt. Do bharúil, a Fhir Roghain, cé hiad féin?'

'Inseoidh mé duit é,' arsa Fear Roghain. 'Sin iad an naonúr oirfideach a thug Conaire leis ón sí. Naoi bpíb an naoi ndos os a gcionn. Binn is ainm do dhuine acu. Róbhinn an dara duine. Ríbhinn an tríú duine, Umhal agus Cumhal, agus ceathrar comhaltaí leo. An ceol a bhainfeas siad as an naoi bpíb sin, pléascfaidh sé na tiompáin ar an té nár chuala cheana é. Níl píb den naoi bpíb sin nach gcuirfidh alltacht is éigiall ar chéad fear anocht ionas go n-imeoidh siad le craobhacha ar fud na coille i measc na ngealt.'

'Is mairg an faoladh seo,' arsa triúr mac an Doinn Déise.

'Céard eile a chonaic tú, a Ingéil?' arsa Fear Roghain.

'Chonac iontas idir dhá dhoras,' arsa Ingéal. 'Mullach ar mhullach, mullach eile ar dheis, mullach eile ar chlé. Dhá loch glé glinniúnach ar mhullach amháin. Bád ar thaobh an locha agus cúig bhullán ar snámh ann. Sruth mire mearaí an mullach sin anuas. An mullach ar crith, gan stoirm ar bith, crann gan duilliúr ina cholgsheasamh i lár an tí. Do bharúil, a Fhir Roghain, céard a bhí ann?'

'Inseoidh mise duit é,' arsa Fear Roghain. 'Sin é Mac Céacht, ríghaiscíoch Chonaire. Mullach cinn ar mhullach fir. Ina luí siar a bhí sé. An mullach ar dheis ba leathghlúin leis, leathghlúin an mullach ar chlé. An dá loch a chonaic tú, b'in iad a dhá shúil. An sruth a chonaic tú, b'in é a chlaíomh ollmhór. An mullach ar crith, b'in é an srannadh codlata a bhí air. An bád a chonaic tú agus na bulláin, ní raibh ann ach an sciath atá ag Mac Céacht agus a chúig mhéar scartha i log na scéithe. An crann gan duilliúr, sin é an maide iarainn ocht dtroithe a bhíonn ar luascadh i leathláimh aige leis an slua a leonadh is a leadradh. Is fíochmhar feargach an fear é Mac Céacht. Tabharfaidh sé seacht ruaig timpeall an dúin. Titfidh céad fear leis seacht n-uaire. Ní bheidh i mbuillí an tslua seo againn féin ar an mullach fir sin ach buillí dorn ar chrann darach ina choinne.'

'Is mairg an faoladh seo,' arsa triúr mac an Doinn Déise.

'Céard eile a chonaic tú, a Ingéil?' arsa Fear Roghain.

'Chonac rud idir dhá dhoras,' arsa Ingéal. 'Triúr fathach agus gan ribe gruaige orthu. Iad maol mall místuama. Dhá chois fúthu, iad lúbach crúbach. Dhá láimh orthu, iad righin ragscuabach. Ní fheadar cén cine ar díobh iad, ach ní de chine an duine é dar liom.

'Do bharúil, a Fhir Roghain, céard a bhí iontu?'

'Is deacair a rá,' arsa Fear Roghain, 'murar de chine na bhFómharach iad. Tharla uair do Mhac Céacht i gcríocha na bhFómharach, ach ní raibh fear ná fathach a dhiongbhála sna críocha seo trí chéile, agus nuair nach raibh, thug sé leis triúr tréanfhear de chuid an rí. Is gialla iad an triúr sin i rítheaghlach Chonaire, agus is dóigh liomsa gurbh iad a bhí ann, agus ní dhéanfaidh siad beart ach de réir bhriathar an rí, agus ba leor neart is spreac an triúir sin le lán seacht gcurach an duine den slua seo a chur de dhroim an tsaoil anocht.'

'Is mairg an faoladh seo,' arsa triúr mac an Doinn Déise.

'Céard eile a chonaic tú, a Ingéil?' arsa Fear Roghain.

'Chonac fís a chuir ceo ar mo shúil,' arsa Ingéal,

'fear óigeanta álainn ildealbhach idir dhá dhoras leis féin. Lúireach is scaball ar a ucht. Cathbharr ar a cheann agus seoda luachmhara ag lonnrú ann. Ba chosúil le dealramh na gréine lá te samhraidh a ghnúis is a éadan. Is óg an fear a bhí ann agus é urrúnta aclaí dá réir, ach bhí uaisleacht rí ina mhéin. Claíomh nocht lena thaobh a thabharfadh soilse don té a rugadh ina dhall. Fallaing ghorm air a bhí chomh mín leis an gceo maidin Bhealtaine. Is ina chodladh a bhí an sárfhear síormheanmnach sin. Ceannadhairt faoi: glúin duine dá theaghlach. A dhá chois ar ghlúin duine eile díobh. 'Do bharúil, a Fhir Roghain, cé a bhí ann?'

'Is maith is eol dom é,' arsa Fear Roghain. 'Sin é Conaire Rí na Teamhrach. Is dual máthar dó an áilleacht gné atá ag roinnt leis, mar is bean de chuid an tsí a bhí in Éadaoin. Níl sárú in Éirinn ar an úire is ar an áilleacht sin. An trí ní is glaine in Éirinn: braon aille, drúcht na maidine, agus súil Chonaire. Ach is leon catha agus mathúin mire atá sa rí óg sin in aghaidh an namhad. Ní heagal leis an bás, mar is anam de chuid na n-éan atá ina anam féin, agus fillfidh sé ar an sí agus ar an éanlaith tar éis bháis dó. Titfidh na céadta leis anocht, agus mura mbeadh sa dún ach é, ní chloífí é go dtagadh tonn Chlíona agus tonn an Easa Rua aneas agus aduaidh leis an dún a bhá. San áit a mbearnóidh sé an slua, ní lia clocha na trá ná líon na bhfear a ndéanfaidh sé min dá gcnámha ainneoin a gcraiceann orthu.'

Focal níor dhúirt triúr mac an Doinn Déise. Bhris deoir faoi shúil Fhear Roghain.

'Céard eile a chonaic tú, a Ingéil?' ar sé.

'Chonac fear mór dathúil diamhair i leataobh na tine. Brat cas corcra air. Leathghrua leis chomh geal leis an sneachta, leathghrua leis chomh breacdhearg le lus an phúca. Leathshúil leis chomh gorm le lus na cuaiche, leathshúil chomh dubh le droim an daoil. Seacht ndos fionn fite ina órmhullach gruaige air. Claíomh órdhoirn ina láimh. Sleá lena thaobh agus í chomh tiubh le cuing céachta. Aduain liom an fear sin. Cé hé féin, dar leat, a Fhir Roghain?'

'Níl macasamhail an fhir sin in Éirinn,' arsa Fear Roghain. 'Sin é Conall mac Aimhirghin. Más dathúil is dílis. Más aduain is uafar. Dar déithe na tuaithe, is iomaí braon dearg a bheas ar a ghléas gaisce anocht. Is iomaí deoch fola a ólfas an tsleá sin atá aige. Titfidh na céadta le Conall anocht. Is beag leis a leonadh ná a ghon. Éalóidh sé mura mbeidh slán ann ach féith is fiacail.'

Bhris an dara deoir faoi shúil Fhear Roghain.

'Is mairg an faoladh seo,' arsa triúr mac an Doinn Déise.

'Céard eile a chonaic tú, a Ingéil?' arsa Fear Roghain.

'Chonaic mé óganach cois tine agus brat corcra air. Folt rua air. É ag gol agus ag síorchaoineadh. Trua le cách an caoineadh sin. Bhí cúig fhear déag ag déanamh sóláis dó. Cúig ghiolc déag i ndorn an óganaigh sin, agus dealg i mbarr gach giolca. Gach fear den chúig fhear déag sin, bhí caochadh ar a shúil dheas. Chuir sé caochadh ar an tríú mac imreasan ormsa. Cé hé an t-óganach sin, dar leat, a Fhir Roghain?'

Bhris an tríú deoir faoi shúil Fhear Roghain, agus bhris a ghol air go fras.

'Is aithnid dom an maicín sin,' ar sé. 'Sin é an ghin is gleoite dá bhfuil in Éirinn nó in Albain ar chruth is ar sciamh. Níl marcach i measc macra an dá thír a choinneodh coinneal leis. Is ábhar rí é an maicín sin. Is de ghinealach Chonaire é. Bua feasa aige dála Chonaire. Fear Flatha is ainm dó.'

'Is mairg an faoladh seo,' arsa Fear Gar mac an

Doinn Déise, 'mura mbeadh sa Dún Dearg anocht ach an maicín sin.'

Thriomaigh Fear Roghain a ghrua.

'Céard eile a chonaic tú, a Ingéil?' ar sé.

'Chonac ann tréanóglach idir dhá dhoras i lár an tí. Bhí naoi gclaíomh ina dhá láimh agus naoi sciath, agus naoi n-úll óir. É ag caitheamh na n-úll san aer agus á ngreamú ar rinn na naoi gclaíomh. Ní raibh ach úll amháin ina bhois aige. Na hocht n-úll eile mar a bheadh beacha ar an aer lá breá samhraidh ina thimpeall. An uair ab fhearr an cleas, sin í an uair a dhearc mise é. Chuaigh fuacht na féachana go croí ann ionas gur thit na húlla go talamh air. Is éard a dúirt an rí leis: "Tá mé ag féachaint an chleasa sin ó bhí mé i mo bhuachaill óg agus níor thit na húlla ort go dtí anocht". "Och, ochón, a Chonaire dhil," arsa fear na gcleas, "tá súil olc ag faire orm. Is dona an tuar é. Tá cath le fearadh sa dún seo anocht." Cé hé an fear sin, dar leat, a Fhir Roghain?'

'Ní deacair sin a rá,' arsa Fear Roghain. 'Sin é Tollchoinne, fear na gcleas i lios an rí. Imreoidh sé faobhar na naoi gclaíomh sin ar an slua seo anocht, agus déanfaidh sé cleas na n-úll lena gcloigne.'

'Ná téimis ann!' arsa triúr mac an Doinn Déise.

'Is díol éirice domsa an dún seo agus a bhfuil ann!' arsa Ingéal go feargach fíochmhar.

'Céard eile a chonaic tú, a Ingéil?' arsa Fear Roghain.

Chonac ní eile fós i lár an dúin,' arsa Ingéal, 'fear dearg faoi léine dhearg. A dhá shúil chomh glan le huisce an tobair. Brat uaine anuas ar an léine. Beirt ghiollaí ag timireacht idir é féin agus lucht an dúin. Soithí meá is leanna ar iompar acu. Cé hé an fear sin, a Fhir Roghain?'

'Sin é an Da Deirg. Is eisean an taoiseach dúin agus ní ligtear éinne isteach sa dún gan chuireadh uaidhsean nó ó rí na hÉireann. Ó tógadh an dún sin fadó, níor dúnadh doras ar bith de na seacht ndoirse ann, ach comhla a chur sa doras a bhfuil an ghaoth ann. Ón lá ar tógadh an dún, tá coire ag fiuchadh ann le bia agus le mír don slua. An bheirt ghiollaí atá ag timireacht ann, sin iad Muiríoch agus Cairbre mic rí Laighean. Beirt laochra lonna lánchalma iad sin. Ní suí ná suan a dhéanfas siad anocht ach slad.'

'Céard eile a chonaic tú, a Ingéil?' arsa Fear Roghain.

'Chonac triúr idir dhá dhoras ann. Trí bhrat dearga orthu. Trí léine dhearga orthu. Trí fholt dearga orthu. Na fiacla féin ba dhearg iontu. Trí shleá, trí each ar a dtrí shrian i ndoras an tí. Gach ní ba dhearg. Cé hiad an triúr sin?'

'An triúr dearg sin, is triúr ón sí iad. Rinne siad bréag trí huaire sa sí. Is é díol na mbréag sin trí bhás a fháil le triúr de ríthe na Teamhrach. Is é Conaire an tríú rí.'

'Chonac mé triúr eile fós,' arsa Ingéal. 'Sa doras a bhfuil an chomhla ann a bhí siad. Maide an duine acu agus crúca ina bharr. Bhí luas agus éadroime cos iontu. Coisbheart breac orthu. Cérbh iad féin?'

'Sin iad an triúr doirseoirí a bhíonn ag Conaire i dTeamhair. Eochair, Achar, agus Uachar is ainm dóibh. Triúr mac le hUrsain agus Comhla. Ní théitear isteach ná amach dá mbuíochas. Fear diongbhála céad gach fear díobh.'

Focal níor dhúirt Fear Roghain.

'Chonac ní eile. Fear maoldubh mallghéagach in oirthear an tí. É ar leathchois agus ar leathshúil agus ar leathláimh. Muc dhóite ar a dhroim agus í ag sianaíl. Crann mór mná lena thaobh agus béal uirthi chomh mór le huaimh thalún.'

'Sin iad Fear Coille agus a bhean Ciochail. Is iad

a bhíonn i mbun na fleá sa Dún Dearg. Is de gheasa Chonaire bia a chaitheamh i gcuideachta leo.'

'Is mairg an faoladh seo,' arsa triúr mac an Doinn Déise. 'Ná téimis ann.'

'Tá díol éiric na Breataine sa dún seo anocht,' arsa Ingéal Caoch, 'agus is sibhse a gheall díol na héirice sin domsa!'

'Céard eile a chonaic tú?' arsa Fear Roghain.

'Dá mbeinn anseo go maidin, ní bheadh insint ná aithris ach ar leath an scéil,' arsa Ingéal Caoch, 'agus ná cuirigí moill orainn feasta, mar is binne liom gleo is geon an chatha ná briathra mo chuid urlabhra féin!'

VII

'Éistigí go fóill!' arsa Conaire.

Chuir lán an dúin cluais le héisteacht orthu féin. Scor an bhean feasa dá cuid mugailte. Stad an lucht freastail dá gcuid timireachta. Ní raibh le clos ach an bhéilteach tine ag cnagphléascadh, sianaíl na muice dóite ar dhroim Fhear Caille, monabhar na Dothra faoin dún, agus smuchar smachar na gcapall i mbéal an dúin ar an bhfaiche amuigh. Chuala cách an dara huaill a bhain Ingéal Caoch mac Rí Breatan as an dord mór catha, uaill bhodhar mhaolghlórach a bhain trí bhraon allais as urla an rí.

'Cén dord sin?' ar sé.

'Dord allúrach,' arsa Conall mac Aimhirghin.

'Dord díbheirge,' arsa Mac Céacht.

'Dord namhad,' arsa Cormac Conn Loingeas.

'Éirigí suas, a laochra,' arsa Conaire, 'agus seasaigí sa mbearna bhaoil, agus ná géilligí ionga ná orlach don drong seo atá ag iarraidh an dún seo a chreachadh agus a mhilleadh anocht!'

Ní túisce sin ach cluineadh gáir agus tromruathar na ndíbheirgeach timpeall an dúin amuigh. Bhris eachra an rítheaglaigh a gcuid ceanrach agus theith siad sna crúba in airde trí shluaite na n-allúrach agus na nÉireannach. D'éirigh an triúr fathach Fómhorach amach go righin rábach go ndearna siad carn cipíní de shleánna sobhriste an chéad fhiann a tharla sa tslí dóibh. Ní fada gur thug Cormac Conn Loingeas fogha go fraoch fíochmhar thar an doras amach mar a bheadh seabhac i measc na mionéan nó tonn tuile ar an trá mhín lá anfa ionas gur thit na céadta lena láimh. Bonn ar bhonn, béim ar bhéim, buille ar bhuille, sheas trí chaoga macaomh an Da Dheirg sna doirse chomh daingean le coill darach i mbearnas gleanna. Ní faonbheart ná faillí a rinne Conall mac Aimhirghin nuair a bhuail an cuthach é, ach scuab sé uaidh, scaip roimhe agus chiorraigh timpeall air mar a bheadh beithir buile ar shliabh. Is gearr gur thug Conaire Mór Rí na Teamhrach a shainruaig féin amach, an lon laoich os a chionn, na seacht bhfaobhar ag glinniúint ina dhá dhorn, ionas gur dearnadh éirleach gan áireamh ar shluaite na ndíbheirgeach ar fhaiche an dúin. Rinne na laochra sin bogán den chruán nó gur scoilt glasleacracha na talún fúthú le méid a gcuid mire sular thug siad dídean an dúin orthu féin arís go fóill. Ba ghearr go meán oíche sula raibh a ruathar ídithe acu, agus rí na Teamhrach ina measc go buan.

'Deoch!' arsa Conaire le Mac Céacht ar éalú dóibh isteach sa Dún Dearg tar éis a ndíchill.

'Deoch? Ní deoch a d'iarr tú orm riamh,' arsa Mac Céacht, 'ach cumhdach mo scéithe agus craos mo chlaímh.'

'Deoch!' arsa Conaire.

'Tá lucht dáilte dí sa dún seo agus tá lucht dáilte dí de chuid na Teamhrach ann,' arsa Mac Céacht.

'Deoch!' arsa Conaire in ard a chinn agus a ghutha.

'Níl braon sa dún nár chaith muid ar an tine lena múchadh,' arsa fear den lucht freastail.

Chuaigh duine díobh ag iarraidh uisce as abhainn na Dothra, mar bhí leath an dúin ar bhruach theas na habhann agus a leath ar an mbruach thuaidh.

'Níl trí bhraon san abhainn!' ar seisean leis ar rí.

'Deoch, a Mhic Céacht!' arsa Conaire, 'mar is bás le tart nó bás le tuirse atá i dán dom.'

Is ansin a rinne Mac Céacht achainí ar an slua an rí a choimeád slán ón namhaid nó dul ag iarraidh dí dó.

'Téirighse ag iarraidh na dí,' arsa Conall mac Aimhirghin le Mac Céacht, 'agus déanfaidh muide an rí a choimeád agus a chumhdach le neart ár lámh agus le dílse ár meanman.'

Thug Mac Céacht aghaidh ar an doras, rug sé leis a chlaíomh agus a sciath agus a shleá, sin agus an bior mór iarainn a bhí i gcoire an rí. Chuir sé an corn óir ab ansa le Conaire faoina chrios, agus thug sé a shainruathar an doras amach. Naoi mbuille den bhior a tharraing sé aniar is anoir ar na díbheirgigh ionas gur thit naoi naonúr díobh lom láithreach i mbéal an dúin. Rinne sé an rothchleas leis an sciath agus an faobharchleas leis an gclaíomh ionas gur thit na múrtha eile ina thimpeall sular bhearnaigh sé an slua gur éalaigh leis ó thuaidh leis an gcorn óir a líonadh le huisce don rí ar áis nó ar éigean.

D'imigh Mac Céacht roimhe gur tháinig sé go Tobar Chasra Buí i gcríocha Chualann tamall siúil i gcéin. Ní bhfuair sé lán an choirn ann. As sin go maidin thug sé cheithre chearda na hÉireann air féin ag iarraidh na dí. Ní raibh braon le fáil in abhainn na Bóinne. Bhí abhainn na Laoi chomh tirim céanna. Abhainn na Sionainne amhlaidh. Abhainn na Siúire mar an gcéanna. Abhainn Shligigh, an Bhanda, an Sulán, an Fhinn, an Ruirtheach, an Barra, an Dubhuisce: lán an choirn ní raibh le fáil in abhainn ar bith díobh. Thug sé a athruathar ina dhiaidh sin timpeall na hÉireann ar lochanna móra na tíre; Loch Dearg, an Loch Riabhach, Loch Feabhail, Loch Measc, Loch Coiribe, Loch nEachach, Loch Éirne,

Loch Laí. Bhí an t-uisce tráite astu. Ar deireadh thiar thall, fuair sé díol a ghnó i Maigh Aí i bhFuarán Gharraidh in oirthear Chonnacht. Ní dhearna Mac Céacht dhá leith dá dheifir ansin, ach líon sé an corn óir le huisce ón bhfuarán sin agus, nuair a bhí an corn líonta aige, soir leis gan stad gan chónaí thar mhachaire na Mí agus as sin go críocha Chualann ionas gur shroich sé abhainn na Dothra agus an Dún Dearg lá arna mhárach sula raibh an drúcht triomaithe ar an bhféar glas.

Nuair a bhí Mac Céacht i bhfoisceacht trí iomaire den Dún Dearg, chonaic sé roimhe ar fhaiche an dúin beirt díbheirgeach agus iad ag baint an chloiginn do Chonaire. Bhain sé an ceann de dhuine díobh de chlaonbhuille dá chlaíomh mór. Theith an dara fear i dtreo na coille agus greim leathláimhe aige ar chloigeann an rí. Chrom Mac Céacht go talamh agus rug sé greim ar chloch a bhí faoina dhá chois. Theilg sé an chloch sin go cruinn colgach leis an té a bhí ag teitheadh. Bhuail an chloch i gcaol a dhroma é ionas gur bhris an chnámh droma agus an dá chorróg. Bhain Mac Céacht an ceann den dara fear. Ní túisce sin ach dhoirt sé an deoch uisce ón gcorn óir ar bhéal an rí. Is amhlaidh ba shlán dá bharr an gheallúint a bhí déanta aige – deoch don rí, cuma beo nó marbh é. Bhain an deoch uisce sin briathar cainte as cloigeann an rí ainneoin a cholainn ar iarraidh.

'Is maith an fear é Mac Céacht,' arsa an cloigeann, 'gheall sé deoch don rí, rinne sé beart de réir a bhriathair. Is maith an fear Mac Céacht.'

Lean Mac Céacht maidhm na ndíbheirgeach soir chun na farraige ansin, ach más cúig mhíle fear a bhí sa slua sin ag teacht i dtír dóibh, ní raibh beo ach seisear ag filleadh ar an gcladach dóibh. Ina measc sin bhí Ingéal Caoch. Maidir le triúr mac an Doinn Déise, ní dhearna siad ionradh ná ionsaí ar an Dún Dearg oíche an áir, ach rug siad ar chapall an duine d'eachra an rí, agus théaltaigh leo ó dheas faoi fhallaing na hoíche duibhe.

D'fhill Mac Céacht go cloíte cráite ar fhaiche an Dúin Dheirg agus cloigeann Chonaire ar iompar aige. Is ann a bhí sé ina shuí nuair a chonaic sé an bhean feasa.

'Fuarú fola, fuarú feola, fuarú flaithe,' ar sise, 'lán crúibe don charóg, lán goib don starróg.'

'Féach leat mo chneá is mo chréacht,' arsa Mac Céacht.

'Ní fhéachfad,' ar sise, 'mar is gránna an feic thú.'

'Níor leasc le bean a theacht i mo ghaobhar lá den tsaol,' arsa Mac Céacht.

Tháinig an bhean feasa i leith beagán.

'Abair liom,' arsa an laoch, 'cén chuileog nó feithid sin atá ag cur dinglise sa gcneá ar mo dhroim?'

'Ní cuileog ná feithid atá ann,' arsa an bhean feasa, 'ach mac tíre, agus tá a bhruas go gualainn sa gcneá.'

'Dar liom nach raibh ann ach seangán seantalún,' arsa Mac Céacht.

Shín sé leathláimh thar a ghualainn, rug greim scornaí ar an mac tíre, agus d'fháisc an bheatha as. Ní túisce sin ach d'imigh anáil na beatha as féin.

'Fuarú fola, fuarú feola,' arsa an bhean feasa.

Maidir le Conall mac Aimhirghin, ní slán so-aitheanta a bhí seisean tar éis éachtaí an chatha sin ach a chorp ina chriathar créachta agus céad lot ar láimh na scéithe san áit ba dhéine urchair is tollbhuillí na n-allúrach. Agus an oíche tar éis bhánú an Dúin Dheirg, ráinig an laoch sin teach a athar i dTailltinn ainneoin gach uafáis is gach ainnise. Bhí Aimhirghin roimhe i ndoras an leasa.

'Is mall do chéim, a mhic,' ar sé.

'Ba chrua an cath,' arsa Conall.

'An maireann do thiarna?' arsa Aimhirghin.

'Ní mhaireann,' arsa Conall.

'Is mór an mílaochas duit é sin nuair is beo duit féin!'

Shín Conall láimh na scéithe amach, agus ní raibh ach féith amháin á ceangal lena chorp tar éis a gearrtha agus a géarghoin.

'Is mór an slua a d'ól deoch nimhe aréir,' arsa Aimhirghin.

Rug néal fanntaise ar Chonall, d'imigh an lúth agus an éitir as a cheithre chnámh, agus thit sé glan gan aithne ar an bhfód lom.

Curach amháin a cuireadh ar snámh tar éis an chatha. Is inti a bhí Ingéal Caoch mac rí Breatan agus mórcheathrar eile dá fhoireann. An carn a tógadh roimh an gcath, níor baineadh as ach sé chloch. Trá na Fuirbean an seanainm a bhí ar an trá ag Bun Dothra, ach Trá na gCurach a tugadh uirthi go ceann seacht nglúin tar éis an áir. Ní raibh saor ná daor sa tír a leomhfadh dréim ná drannadh leo. Trí chéad curach. Bhí siad ann go ceann deich rabharta fichead sular scuab an fharraige léi iad idir chreatlach, chrainn is chraiceann. Scaip an taoille na maidí rámha ó Shruth na Maoile go Carraig an Tuscair. Sin deireadh le hinseacht is le haithris ar bheatha agus ar bhás Chonaire Mhóir, rí na Teamhrach agus mac mná sí, agus ar imeachtaí na ndíbheirgeach lena linn.

NÓTA ÓN ÚDAR

Is athinsint ar an eipic Sean-Ghaeilge *Togail Bruidne Da Derga* atá i *Conaire Mór*. Is téacs é an *Togail* nach raibh oiread tráchta air lenár linn is a bhí ar chuid den Rúraíocht agus den Fhiannaíocht, ach is scéal ealaíonta ársa atá ann nach bhfuil a leithéid eile ann sa nGaeilge ná i dteangacha na hEorpa.

Ach oiread le go leor de sheanscéalta na Gaeilge, tá fadhbanna doréitithe struchtúir ag baint leis an *Togail*, ach ar an taobh eile den scéal tá saibhreas ann nach bhfuil á shárú ann. Le linn athscríobh an scéil, más ea, b'éigean na bearnaí a líonadh agus na rothaí cainte a shimpliú. Shamhlaigh mé, dá bhrí sin, gur ag plé le láimhscríbhinn ón 18ú haois a bhíos, rud nach bhfuil a leithéid ann, agus gur athsint a bhí sa láimhscríbhinn sin ar insint eile ón 15ú haois, rud eile nach bhfuil a leithéid ann.

An leagan nua seo dar teideal *Conaire Mór*, agus an *Togail* roimhe, tá ábhar machnaimh iontu dar liom do shaol na linne seo; an ceart agus an chinniúint, an dúchas agus an deoraíocht, an t-iontas agus an t-uafás. Thar scéal ar bith eile sa nGaeilge, is scéal é a bhfuil tragóid ann faoi mar a thuigtear cúrsaí tragóide i dtraidisiún na Gréige, cuir i gcás. 'Ní thig liomsa bás na mac seo a cheadú,' arsa Conaire. 'Ní de mo chumhacht a leithéid a dhéanamh.' Is é a chuid trócaire féin ba chúis bháis don rí sa deireadh.

LEABHAIR EILE LEIS AN ÚDAR

Prós

Pen and Plough (Carreg Gwalch, 2016)

Tro ar Fyd (i bpáirt le Amanda Reid) (Y Lolfa, An Bhreatain Bheag, 2013)

Y Gwyddel (Gomer, An Bhreatain Bheag, 2011)

Filíocht

Rún na mBradán (Coiscéim, 2016)

The Birth of Trystan (Curach Bhán, An Ghearmáin, 2014)

The Woods are Growing Younger (Eikon, An Rómáin, 2013)

Der Vogel und andere Gedichte (Curach Bhán, An Ghearmáin, 2013)

Súil Saoir, (Cló Iar-Chonnacht, 2004)

Aistriúcháin liteartha

Washing My Hair with Nettles (dánta Rómáinise le Emilia Ivancu) (Parthian, 2015)

Vatilan the Dish Thief (Y Dŵr Mawr Llwyd, Robin Llywelyn) (Parthian, 2009)

Sarah Eile (Sarah Arall), Aled Islwyn (Cló Iar-Chonnacht, 2005)

Coinnigh do Mhisneach (Yfory Ddaw, Sioned Wyn Jones) (Cló Iar-Chonnacht, 2004)

Dafydd ap Gwilym (i bpáirt le J-C Lozac'hmeur) (Wodan Books, An Fhrainc, 1994)

Scéal Ghearóid Iarla

Máire Mhac an tSaoi

€9.00 (bog), 120 lch; ISBN 978-0-898332-61-2

Taoiseach Normannach, file Gaelach, agus leasrí Shasana in Éirinn ab ea Gearóid Iarla, mar a thug na Gaeil ar Ghearóid Mac Gearailt, 3ú hIarla Dheasumhan. Leath a thiarnas ó ché Phort Lairge anoir trí chontaetha Chorcaí, Luimnigh, agus Chiarraí, agus siar chomh fada le Caisleán na Mainge. In ainneoinn a chumhachta, cuimhnítear fós ar Ghearóid Iarla mar fhile a thug gean do na mná, agus mar sheandraoi. Ghnóthaigh an leabhar seo Gradam Uí Shúilleabháin 2011.

Feis Tigh Chonáin

Darach Ó Scolaí

€12 (crua), 96 lch; ISBN 978-0-898332-09-5

Nua-insint ar scéal Fiannaíochta a cumadh sa 15ú haois.

Nuair a théann Fionn mac Cumhaill agus Diorraing
amú i ndorchadas na coille castar i dteach a naimhde
iad agus cuirtear tús le hoíche scéalaíochta a mhaireann
go dtí an lá atá inniu ann, agus le bainis a chríochnóidh
le loscadh tí agus le marú ar bhruacha Loch Deirgeirt.

Am éigin sa 15ú haois a scríobhadh Feis Tigh
Chonáin Chinn tSléibhe, scéal i dtraidisiún mór na
fiannaíochta ar nós Tóraíocht Dhiarmada agus Ghráinne
agus Agallamh na Seanórach. Le cúpla céad bliain anuas
tá an scéal seo á bhreacadh ag scríobhaithe i
lámhscríbhinní agus á léamh ag Gaeil cois teallaigh. Sa
leagan nua seo le Darach Ó Scolaí tá an scéal curtha in
oiriúint do léitheoirí ár linne.

"Athinsint i nGaeilge an lae inniu déanta go fíorcheirdiúil ag
Darach Ó Scolaí ar shraith de scéalta Fiannaíochta a ligeadh
i ndearmad le fada. Má tá leabhar ar bith chun scéalaíocht
na Féinne a thabhairt isteach sa 21ú haois, is é an leabhar
dea-scríofa, dea-dheartha seo é." —*booksunlimited*